Der Heilige Geist –
sein Wesen und Wirken

David Ewert

Der Puls Verlag arbeitet eng mit dem Bibelseminar Bonn (BSB) und dem Internationalen Centrum für Weltmission (ICW) zusammen. Das BSB ist eine 1993 vom BTG e.V. in Bonn gegründete theologische Ausbildungsstätte. Es steht in der Tradition baptistischer und mennonitischer evangelischer Freikirchen und weiß sich mit der weltweiten evangelikalen Bewegung verbunden. An ihm empfangen mehr als 200 junge Christen eine bibelorientierte theologische Ausbildung in einer Tages-, Abend- und Fernschule, die sie auf eine ehren- und hauptamtliche Mitarbeit in der christlichen Gemeinde vorbereiten soll.

Das 1995 gegründete ICW unterstützt über 150 Missionare in Brasilien, Malawi, Russland und der Ukraine. Sie arbeiten in den Bereichen Evangelisation, Gemeindegründung und theologische Ausbildung. In Brasilien unterhält das ICW eine Kindertagesstätte und eine Berufsschule, um chancenlosen Kindern eine Lebensperspektive zu eröffnen. Die humanitäre Arbeit umfasst weiterhin medizinische Hilfe sowie die Versorgung mit Kleidung.

Wenn Sie nähere Informationen über das BSB und ICW wünschen oder diese Arbeiten unterstützen möchten, wenden Sie sich bitte an:

Bibelseminar Bonn e.V.

Haus Wittgenstein, Ehrental 2-4, 53332 Bornheim/Bonn

Tel. 0 22 22/701-200, Fax 0 22 22/701-111
email: ICWBSB@aol.com

Bankverbindung
Sparkasse Bonn, BLZ: 380 500 00, Konto: 333 159 87

Internationales Centrum für Weltmission e.V.

Haus Wittgenstein, Ehrental 2-4, 53332 Bornheim/Bonn

Tel. 0 22 22/701-0, Fax 0 22 22/701-111
email: ICWBSB@aol.com

Bankverbindung
Sparkasse Bonn, BLZ: 380 500 00, Konto: 333 162 58

Der Heilige Geist –
sein Wesen und Wirken

David Ewert

1. Auflage 1998
Alle Rechte, auch die des auszugsweisen Nachdrucks,
der fotomechanischen Wiedergabe,
der Übertragung in Bildstreifen und
der Übersetzung vorbehalten.
© 1998 Puls-Verlag GmbH, Bornheim/Bonn

Titelbild: Aquarell Hannelore Clemenz-Rau, Rosbach
Umschlag: Michael Wenserit, Asslar
Satz: Enns Schrift & Bild GmbH, Bielefeld
Druck: Minolta Druck, Bonn
ISBN 3-933398-02-9

VORWORT

Das vorliegende Buch stammt aus der Feder eines kanadischen
Autors. Dr. David Ewert war viele Jahre Professor für Neues
Testament an verschiedenen nordamerikanischen theologischen
Seminaren. Da er deutsche Vorfahren hat, beherrscht er die deut-
sche Sprache noch so gut, dass er immer wieder Artikel und
Bücher in Deutsch schreibt. Auch das vorliegende Buch ist vom
Autor in deutscher Sprache verfasst worden; der herausgebende
Verlag hat es nur geringfügig überarbeitet.

Ohne den Heiligen Geist läuft nichts im Leben eines Christen.
ER schenkt Glauben, bewirkt die Wiedergeburt, gibt Bibelver-
ständnis, teilt Gaben aus und wirkt Frucht. Was wären wir ohne
den Tröster, den Beistand, den Jesus allen verheißen hat, die an ihn
glauben?

David Ewert entfaltet im vorliegenden Buch Wesen und Werk
des Heiligen Geistes. Er ermutigt dazu, mit dem Wirken des Geistes vermehrt zu rechnen. Wer Erneuerung des geistlichen Lebens
sucht, persönlich wie in der Gemeinde, muss mit dem Liederdich-
ter neu beten lernen: 0 komm, du Geist der Wahrheit, und kehre
bei uns ein.

Der Verlag

EINLEITUNG

Die Neutestamentliche Lehre vom Heiligen Geist

Vor Jahren pflegte man zu sagen, dass der Heilige Geist die vergessene Person der göttlichen Dreieinigkeit ist. Heute darf man nicht mehr so urteilen, denn in den letzten Jahrzehnten sind eine Unmenge von Büchern über den Heiligen Geist veröffentlicht worden, von Predigten und Vorträgen über dieses Thema ganz zu schweigen. Was kann man über die Lehre vom Heiligen Geist noch Neues sagen? Jedenfalls nicht viel. Jedoch ist dieses Thema recht vielseitig und kann von verschiedenen Gesichtswinkeln betrachtet werden. Manchmal geht gerade aus der Art und Weise, wie man ein biblisches Thema anpackt, etwas Neues und Originelles hervor.

Schon viele Jahre hat mich die neutestamentliche Lehre vom Heiligen Geist beschäftigt. Vor etwa dreißig Jahren forderte die charismatische Bewegung von uns ein sorgfältiges Studium dieses Themas. Eine Dissertation über den Heiligen Geist als eschatologischer Begriff im Jahre 1969 brachte mir Antworten auf recht viele Fragen auf diesem Gebiet. Im Jahre 1979 veröffentlichte ich einen längeren Aufsatz über die Lehre vom Heiligen Geist, der dann in russischer Sprache von „Licht dem Osten" gedruckt wurde. Zuletzt veröffentlichte HERALD PRESS im Jahre 1983 ein Buch mit der Überschrift: **The Holy Spirit in the New Testament** (Dieses Buch ist jetzt ausverkauft).

Wenn man solch ein großes Thema anschneidet, merkt man bald, dass mit der Lehre vom Heiligen Geist viele andere neutestamentliche Lehren zusammenhängen: Die Christologie, die Heilslehre, die Gemeinde, die lebendige Hoffnung und andere Themen. Daraus ergibt sich, dass das ganze Neue Testament, trotz großer Verschiedenheiten, doch eine recht einheitliche Botschaft verkündet. Die apostolischen Schreiber mögen in ihren Redewendungen verschieden sein, die Betonungen in ihren Schriften sind nicht immer gleich, aber grundsätzlich stimmen sie alle miteinander in der Lehre vom Heiligen Geist überein. Daher kann man mit Recht von der neutestamentlichen Lehre über den Heiligen Geist sprechen.

Der schottische Neutestamentler William Barclay behauptet in seiner Lebensgeschichte, dass Gott ihm die Gabe geschenkt hat, schwierige Begriffe zu vereinfachen (**Spiritual Autobiography**, S. 25). Ob's mir gelungen ist, muss der Leser beurteilen. Akademische

Forschungen auf neutestamentlichem Gebiet haben ihren Platz; in diesem Buch jedoch soll versucht werden, dieses wichtige Thema so zu besprechen, dass es dem gewöhnlichen Bibelleser verständlich ist.

Die folgenden Kapitel erstrecken sich über drei größere Gebiete:

1. Die Verheißung des Geistes;
2. Das Kommen des Geistes;
3. Der Geist im Leben der Gläubigen.

Die Hauptbetonung fällt auf den dritten Teil.

Es ist unser Gebet, dass das Studium dieses so wichtigen Themas dem Leser eine Hilfe fürs tägliche Leben sein möchte. Wenn wir von der dritten Person der Gottheit sprechen, dann müssen wir selbstverständlich ganz bescheiden an das Thema herangehen, denn hier haben wir Geheimnisse, die niemand völlig ergründen kann. Jesus verglich den Geist mit dem Wind, den man nicht erklären, aber den man spüren kann.

Möge der Wind des Geistes auch in unserem Leben wehen.

INHALTSVERZEICHNIS

DIE VERHEISSUNG
DES GEISTES

1 DAS KOMMEN DES GEISTES ALS PROPHETISCHE HOFFNUNG

Die Gegenwart des Geistes kann man überall im Neuen Testament spüren. Alle Bücher des Neuen Testaments wurden nach Pfingsten geschrieben und verraten die Gegenwart des Geistes in dem Leben und Wirken der frühchristlichen Gemeinden. Die Apostel waren tief davon überzeugt, dass der erhöhte Herr durch seinen Geist in der Gemeinde, die durch die Ausgießung des Geistes am Pfingsttag geboren wurde, gegenwärtig und wirksam war.

Das Kommen des Geistes am Pfingsttag war ja einerseits eine Überraschung, andererseits gehörte das Kommen des Geistes zu der Hoffnung der prophetischen Schriften. Immer wieder wird der Heilige Geist von den Aposteln als „verheißener Geist" bezeichnet (Lk 24,49; Apg 2,33; Gal 3,14; Eph 1,13).

Vor seiner Himmelfahrt versicherte der auferstandene Christus seinen Jüngern, dass er die „Verheißung des Vaters" senden würde (Lk 24,49). In Apostelgeschichte 1,4 befiehlt Jesus seinen Nachfolgern, auf die „Verheißung des Vaters" zu warten. Am Pfingsttage, so erklärte Petrus, hatte Gott den „verheißenen Heiligen Geist vom Vater" ausgegossen (Apg 2,33). Also immer wieder wird betont, dass der Heilige Geist ein „verheißener Geist" war.

Der Apostel Paulus sah in dem Kommen des Geistes die Erfüllung des göttlichen Bundes mit Abraham: „Auf dass der Segen Abrahams unter die Heiden käme in Jesus Christus und wir den verheißenen Geist empfingen durch den Glauben" (Gal 3,14). Im Alten Testament wird bei den Bundesschlüssen mit Abraham nichts vom Heiligen Geist gesagt, aber Paulus sah in der Ausgießung des Geistes die Erfüllung der Verheißung, die Gott Abraham gab, alle Völker durch ihn zu segnen.

Nicht nur die Propheten des Alten Testaments hofften auf das Kommen des Geistes, sondern auch Johannes der Täufer. Auch Jesus versprach den Seinen die Gabe des Geistes. Der Heilige Geist ist ein „verheißener Geist". Jedoch, wenn Paulus schreibt, dass die gläubigen Epheser mit dem „Geist der Verheißung" versiegelt worden waren, dann schaut er jedenfalls auch noch auf die herrliche Zukunft, die der Geist uns verspricht (Eph 1,13-14).

1.1 Die Wirksamkeit des Geistes Gottes im Alten Bund

Schon bei der Schöpfung dieser Welt war der Geist Gottes an der Arbeit. Als Gott Himmel und Erde schuf, schwebte der Geist (hebr.: **ruach**) auf dem Wasser. (**Ruach** ist übrigens zweideutig; es kann mit „Geist" oder mit „Wind" übersetzt werden.) 1 erklärt dem Hiob: „Der Geist Gottes hat mich gemacht und der Odem des Allmächtigen hat mir das Leben gegeben" (Hiob 33,4). Im Schöpfungspsalm heißt es: „Du lässt aus deinen Odem (**ruach**), so werden sie geschaffen" (Ps 104,30).

Gottes Geist ist nicht nur in der geschaffenen Welt tätig, sondern auch im Leben des alten Bundesvolkes. Zur Zeit der Richter gab der Geist Gottes Menschen Kraft, Unmögliches zu tun (Othniel, Ri 3,10; Jephtah, Ri 11,29; Gideon, Ri 6,34; Simson, Ri 14,6; 16,20; Saul, 1Sam 11,6) Immer wieder heißt es, dass Gottes Geist sich gleichsam in einer Person „einkleidete". Diese plötzlichen Eingriffe des Geistes wollen uns daran erinnern, dass der Geist Gottes nicht unter menschlicher Kontrolle steht. „Der Wind weht, wo er will," wurde dem Nikodemus gesagt; er wirkt in souveräner Freiheit. Manchmal braust er daher, wie ein Sturm; ein anderes mal kommt er in der Form eines sanften Säuselns (1Kön 19,12).

Der Geist Gottes befähigte führende Männer in Israels Geschichte, Gottes Volk zu leiten. Als dem Mose befohlen wurde, siebzig Männer zu wählen, die ihm bei der Führung des Volkes beistehen sollten, versprach er, ihnen von seinem Geist zu geben (4Mo 2,16,17). Von Moses Nachfolger, Josua, wird gesagt, dass er ein Mann war, in welchem der Geist Gottes war (1Mo 27,18-23). Als Mose ihm die Hände auflegte, wurde er mit dem Geist der Weisheit erfüllt (5Mo 34,9). Auch die Könige Israels wurden vom Geist Gottes beseelt. Als Samuel David salbte, kam Gottes Geist auf ihn (1Sam 16,13).

Mitunter gab Gottes Geist führenden Personen besondere Weisheit. Joseph z.B. konnte Träume deuten (1Mo 41,38). Auch gab Gottes Geist Menschen die Fähigkeit, schöne Sachen herzustellen. Bezalel z.B. wurde mit dem Geist erfüllt, um die Geräte der Stiftshütte anzufertigen (2Mo 31,3).

Gottes Geist half nicht nur einzelnen Personen göttliche Aufträge auszuführen, sondern Gottes Geist leitete auch Israel als ganzes Volk. Wenn von Israel gesagt wird, dass sie „seinen Heiligen Geist" erbitterten und entrüsteten (Jes 63,10), dann muss man schlußfolgern, dass Gottes Geist im alten Israel an der Arbeit war. In seiner Not erinnerte sich Israel an die Gegenwart des Geistes in ihrer Vergangenheit. Sie fragten: „Wo ist, der seinen Heiligen Geist unter sie gab?" (Jes 63,12). Und obwohl sie dem Geiste widerstrebten, „brachte der Geist des Herrn sie zur Ruhe" (Jes 63,14). Auch nach der Rückkehr aus Babylon versprach Gott seinem Volk, dass sein Geist unter ihnen bleiben würde (Hag 2,5). Und der Prophet Sacharja gibt dem Serubabel die Zusicherung: „Es soll nicht durch Heer oder Kraft, sondern durch meinen Geist geschehen" (Sach 4,6).

Auch im persönlichen Leben der Gläubigen des alten Bundes ist der Geist an der Arbeit. Der tief in Sünde gefallene Psalmist betet: „Verwirf mich nicht von deinem Angesicht und nimm deinen Heiligen Geist nicht von mir" (Ps 51,13). Der Gläubige sucht vom Geist Gottes geführt zu werden. „Dein guter Geist führe mich auf ebener Bahn" (Ps 143,10). Ja, Gottes Geist ist allgegenwärtig; es gibt keinen Platz, wo er nicht an der Arbeit ist. „Wo soll ich hingehen vor deinem Geist, und wo soll ich hinfliehen vor deinem Angesicht?" fragt der Beter (Ps 139,7). Nebenbei bemerkt, in dieser Frage sind Gottes Geist und Gottes Angesicht, d.h. seine Gegenwart, parallele Begriffe.

Nirgends jedoch ist die Wirksamkeit des Geistes so klar zu spüren, wie in der prophetischen Rede. Gott gab den Propheten Einblicke durch seinen Geist, die ihr natürliches Denkvermögen überstiegen. Auch gab der Geist ihnen den Mut und die Vollmacht, Gottes Wort zu verkündigen. Als z.B. der Geist des Herrn auf Eldad und Medad kam, weissagten sie: „Und da der Geist auf ihnen ruhte, weissagten sie und hörten nicht auf" (4Mo 11,25). Ähnlich erfuhr der König Saul die Inspiration des Geistes: „Und der Geist des Herrn wird über dich geraten, dass du mit ihnen weissagst; da wirst du ein anderer Mann werden" (1Sam 10,6.10). Den Propheten Eliah raffte der Geist mitunter plötzlich hinweg (1Kön 18,12). Nach seinem Tode ruhte der Geist, welcher Eliah befähigt hatte, seinen prophetischen Dienst auszuführen, auf Elisa (2Kön 2,15).

Der Ruf zum Prophetendienst wird häufiger dem Wort Gottes zugeschrieben als dem Geist Gottes, aber man darf diese zwei Begriffe nicht streng voneinander trennen. Wort und Geist findet man oft als Parallele. David sagt: „Der Geist des Herrn hat durch mich geredet, und seine Rede ist auf meiner Zunge" (2Sam 23,2). Als Saul dem Wort Gottes nicht gehorchte, verließ ihn der Geist

Gottes (1Sam 15,26; 16,14). Auch kann man von der „Hand des Herrn" reden, die den Menschen packt und ihn in den Dienst Gottes zieht oder der Geist Gottes ergreift den Propheten (Jes 1,8; Hes 1,3; 3,12). Hand Gottes und Geist Gottes werden mitunter aufs Engste verbunden: „Und des Herrn Hand kam über mich, und er führte mich hinaus im Geist des Herrn" (Hes 37,1).

Der Prophet ist bekannt als „Mann des Geistes" (Hos 9,7). Micha weiß, dass Gottes Geist ihn beseelt: „Ich bin voll Kraft und Geistes des Herrn" (Micha 3,8). Nehemia schaut zurück auf Israels Vergangenheit und bekennt: „Du verzogst viele Jahre über ihnen und ließest ihnen bezeugen durch deinen Geist in deinen Propheten" (Neh 9,30). Und Sacharja klagt über Israels Widerspenstigkeit in der Vergangenheit, dass „sie nicht hörten das Gesetz und die Worte, die der Herr Zebaoth durch seinen Geist sandte durch die früheren Propheten." (Sach 7,12)

Wir sehen also, dass das Wort Gottes und der Geist Gottes bei den Propheten aufs Engste verknüpft sind. Auch wir dürfen diese zwei Größen nicht gegeneinander ausspielen. Immer wieder ist es in der Geschichte vorgekommen, dass man die Inspiration des Geistes über das Wort Gottes gestellt hat. Anderseits kann man sich auch in dem Studium der Heiligen Schriften so vergraben, dass man die Stimme Gottes durch seinen Geist nicht hört. Wenn ein Dampfer glücklich das Meer überkreuzen und ans Ziel kommen will, genügt es nicht, Karte und Kompaß zu haben, er muss auch mit der Kraft der Maschinen ausgestattet sein. Oder umgekehrt, wenn ein Schiff die nötige Kraft hat, um durchs tosende Meer zu fahren, aber keinen Kompaß, erreicht es nicht das Ziel. Gottes Wort ist für uns gleichsam der Kompaß und Gottes Geist gibt uns die Kraft, um ein Gott wohlgefälliges Leben zu führen.

Dass Gottes Geist schon im alttestamentlichen Israel an der Arbeit war, ist klar. Zugleich aber sprechen die Propheten die Hoffnung aus, dass Gott in der Zukunft noch einmal in einzigartiger Weise durch seinen Geist tätig wird.

1.2 Der Geist in den Hoffnungen der Propheten

Trotz der Gegenwart und der Wirksamkeit des Geistes Gottes im alten Israel, klagen die Propheten immer wieder darüber, dass Israel dem Geist Gottes Widerstand leistete. Jedoch sehen sie einen Tag kommen, in welchem der Geist Gottes eine neue Zeit einführen wird. Die zerfallene Hütte Davids (Am 9,11) soll wieder hergestellt werden. Dieses würde durch einen Nachkommen Davids geschehen, „auf welchem wird ruhen der Geist des Herrn, der Geist der Weisheit und des Verstandes, der Geist des Rates und der Stärke, der Geist der Erkenntnis und der Furcht des Herrn" (Jes 11,2). Diese Hoffnung wurde in Jesus Christus erfüllt. Gottes Geist kam auf ihn herab (Joh 1,32), und er empfing den Geist ohne Maß (Joh 3,34).

Wenn vom Nachkommen Davids die Rede ist, wird dadurch die königliche Seite des Gesalbten Gottes hervorgehoben. Aber da gibt es noch eine andere Seite, die vom leidenden Gottesknecht dargestellt wird. Und dieser leidende Knecht Gottes soll auch Träger des Geistes sein, gleichwie der Davidssohn. „Siehe, das ist mein Knecht – ich erhalte ihn – und mein Auserwählter, an welchem meine Seele Wohlgefallen hat. Ich habe ihm meinen Geist gegeben, er wird das Recht unter die Heiden bringen" (Jes 42,1). Von den Leiden dieses Gottesknechts wird in Jesaja 53 gesprochen. Noch einmal heißt es vom Knecht Gottes: „Der Geist des Herrn ist über mir, darum dass mich der Herr gesalbt hat. Er hat mich gesandt, den Elenden zu predigen, die zerbrochenen Herzen zu verbinden, zu verkündigen den Gefangenen die Freiheit, den Gebundenen, dass ihnen geöffnet werde, zu verkündigen ein gnädiges Jahr des Herrn ..." (Jes 61,1-2).

Jesus verband in seiner Person beide Seiten: Er war Sohn Davids, aber auch leidender Knecht Gottes. Das konnten seine Jünger anfänglich nicht klar sehen. Den gesalbten Nachkommen Davids erwarteten sie, aber nicht einen leidenden, sterbenden gesalbten Gottes. Das wurde ihnen erst nach der Auferstehung Jesu so recht klar. Als Jesus sich taufen ließ, sprach eine Stimme vom Himmel, „Dies ist mein lieber Sohn (d.h. der Sohn Davids, Ps 2,9), an welchem ich Wohlgefallen habe (d.h. der leidende Gottesknecht, Jes 42,1). Ob nun Davids Sohn oder leidender Gottesknecht, Jesus ist in beiden Fällen mit dem Geist Gottes gesalbt, d.h. er ist der Messias.

Die neue Zeit wird in prophetischer Schau als eine Zeit gesehen, in welcher der Geist Gottes in ganz wunderbarer Weise tätig sein wird. Die fruchtbare neue Zeit wird durch die Ausgießung des Geistes eingeleitet werden. „Dass über uns ausgegossen wird der Geist aus der Höhe. So wird dann die Wüste zum Acker wer-

den und der Acker wie ein Wald geachtet werden" (Jes 32,15).
„Denn ich will Wasser gießen auf das Durstige und Ströme auf das
Dürre. Ich will meinen Geist auf deinen Samen gießen und meinen
Segen auf deine Nachkommen" (Jes 44,3).

Am besten bekannt ist die Zukunftsschau des Propheten Joel:
„Und nach diesem will ich meinen Geist ausgießen über alles
Fleisch und eure Söhne und Töchter sollen weissagen, eure Ältesten sollen Träume haben und eure Jünglinge sollen Gesichte
sehen; auch will ich zur selben Zeit über Knechte und Mägde meinen Geist ausgießen" (Joel 3,1-2). Petrus zitiert dieses Wort in seiner Pfingstpredigt (Apg 2,17ff).

Auch Hesekiel sieht in prophetischer Schau die Ausgießung des
Heiligen Geistes, welche zur inneren Erneuerung führen soll:
„Und (ich) will reines Wasser über euch sprengen, dass ihr rein
werdet; von all eurer Unreinigkeit und von allen euren Götzen
will ich euch reinigen. Und ich will ein neues Herz und einen neu-
en Geist in euch geben und will das steinerne Herz aus eurem
Fleisch wegnehmen und euch ein fleischernes Herz geben; ich will
meinen Geist in euch geben und will solche Leute aus euch
machen, die in meinen Geboten wandeln und meine Rechte halten
und danach tun" (Hes 36,25-27). Immer wieder wird das Kommen
des Geistes in der Zukunft mit erfrischendem und reinigendem
Wasser verglichen. Das muss in Betracht gezogen werden, wenn
man Jesu Worte an Nikodemus verstehen will: „Es sei denn, dass
jemand geboren werde aus Wasser und Geist, so kann er nicht ins
Reich Gottes kommen" (Joh 3,5).

Zusammenfassend dürfen wir sagen, dass die Propheten des
Alten Testaments auf eine Zeit zielen, in welcher ein Sohn Davids
durch die Salbung des Geistes seine Herrschaft antreten wird.
Diese Herrschaft wird aber nicht durch Schwert und Spieß
gewonnen, sondern durch das Leiden und Sterben des vom Geist
gesalbten Gottesknechts. Aus der Wirkung des Geistes in dieser
neuen Zeit geht ein neues Gottesvolk hervor, welches durch den
Geist innerlich gereinigt und befähigt wird, seinen prophetischen
Dienst auszuführen.

1.3 Der Geist und die Weissagung beim Anbruch der „neuen Zeit"

Als Gottes Stunde schlug, hörte Johannes der Täufer in der Wüste Gottes Ruf zum prophetischen Dienst. Ein Engel hatte seinem Vater noch vor der Geburt des Täufers erklärt, dass er schon im Mutterleibe mit dem Heiligen Geist erfüllt werden würde (Lk 1,15). Sein Dienst sollte im Geist und in der Kraft des Eliah ausgeführt werden (Lk 1,17). (Geist und Kraft stehen so oft nebeneinander im Neuen Testament, dass man sie als Wortpaar verstehen muss.) Als die Jungfrau Maria die Mutter des Täufers, Elisabeth, besuchte und sie grüßte, hüpfte das Kind in ihrem Leibe. „Und Elisabeth ward des Heiligen Geistes voll" (Lk 1,41), und darauf folgt dann die Weissagung, dass Maria die Mutter des Messias sein wird.

Nach der Geburt des Johannes wurde sein Vater Zacharias mit dem Heiligen Geist erfüllt, und auch er weissagte (Lk 1,67). Durch den Geist Gottes wurde er erleuchtet und konnte also den prophetischen Auftrag des Johannes erkennen und wie sein Dienst in den Heilsplan Gottes hineinpaßte.

Als der Christus geboren wurde und seine Eltern ihn im Tempel darstellten, wird er von dem frommen Simeon als Messias erkannt. Von dem alten Simeon wird gesagt, dass „der Heilige Geist mit ihm war" (Lk 2,25). Der Geist öffnete nicht nur seine Augen, um den Messias zu erkennen, sondern inspirierte ihn auch, über das Kind tiefsinnige prophetische Aussagen zu machen.

Also sehen wir, dass am Anfang der christlichen Aera der Heilige Geist Menschen befähigt, prophetische Worte zu reden. Das geschah schon zur Zeit der alttestamentlichen Propheten. Auch in jüdischen Schriften, die man in Qumran entdeckt hat, wird diese Verbindung zwischen Geist und Prophetie betont. Und an der Wende der Äonen füllt der Geist Männer und Frauen (Zacharias, Elisabeth, Simeon) und befähigt sie, prophetische Worte zu reden. Johannes der Täufer jedoch gehört in die Vorbereitungszeit; er bahnt den Weg für den Kommenden, den Messias. Über diesen Bahnbrecher muss im nächsten Kapitel noch mehr gesagt werden.

2 DIE KOMMENDE TAUFE
MIT DEM HEILIGEN GEIST

In allen vier Evangelien haben wir eine kurze Zusammenfassung der Botschaft und Wirksamkeit des Täufers Johannes. Er erschien an der Äonenwende, um dem Messias den Weg zu bahnen und die neue Zeit einzuleiten. Jesu Urteil über Johannes lautet so: „Unter denen, die vom Weibe geboren sind, (ist) kein Größerer als Johannes; der aber der Kleinste ist im Reich Gottes, der ist größer als er" (Lk 7,28). Das Große an Johannes war sein einzigartiges Vorrecht, den Weg für den Christus vorzubereiten; kein anderer Prophet hatte je solch einen hohen Auftrag erhalten. Er konnte jedoch nur bis zur Schwelle des Himmelreichs, welches mit Jesus anbrach, treten. Jesu Nachfolger sind noch bevorzugter (größer); sie waren Zeugen vom Anbruch des Gottesreichs durch Jesus Christus. Von denen aber, die zum Zeitalter der Verheißung gehörten, war Johannes der Größte; die, welche zum Zeitalter der Erfüllung gehören, sind noch bevorzugter.

Mit dem Kommen Jesu beginnt zugleich das Zeitalter des Heiligen Geistes, welches die Propheten des Alten Testaments vorausgesehen hatten. Johannes greift diese Hoffnungen auf und erklärt seinen Zeitgenossen, dass der Größere, der nach ihm kommen wird, mit dem Heiligen Geist taufen wird. Ehe wir über diese Verheißung mehr sagen, machen wir einige Beobachtungen über die Taufbewegung, die von Johannes eingeleitet wurde.

2.1 Der Vorläufer und seine Taufe

Johannes war ein Prophet, ein Prediger in der Wüste, aber er wird regelmäßig „der Täufer" genannt. Er rief seine Zeitgenossen zur Buße und zur Erneuerung ihres Bundes mit Gott auf. Wer seine Botschaft annahm, bezeugte diese Entscheidung durch die Taufe mit Wasser.

Die Wassertaufe des Johannes war einzigartig. Das Taufen selbst war im Judentum bekannt. Nicht-Juden, die volle Mitglieder in der Synagoge werden wollten, ließen sich taufen; man nannte sie Proselyten. Jedoch Johannes taufte auch Juden. Obendrein trug die Johannestaufe einen eschatologischen Charakter: durch Buße, Taufe und Erneuerung bereitete Johannes ein Volk vor, welches den Messias empfangen sollte.

So tief schlug die Botschaft des Täufers ein, dass zu ihm hinausging „das ganze jüdische Land, und alle Leute von Jerusalem, und bekannten ihre Sünden, und ließen sich von ihm taufen im Jordan" (Mk 1,5). Durch ihre Taufe bekannten sie öffentlich, dass sie den Weg der Sünde verlassen hatten und den Weg der Gerechtigkeit gewählt hatten. Diese Neugetauften hießen einfach „Johannesjünger". Johannes lehrte sie beten (Lk 11,1); man erkannte sie auch an ihrem Fasten (Mk 2,18). Nach vielen Jahren fand Paulus noch eine Gruppe Johannesjünger in Ephesus (Apg 19,1ff).

Als dann Jesus seine Wirksamkeit begann, wurden viele dieser Jünger des Täufers Nachfolger Jesu. Johannes selbst ermutigte einen solchen Übertritt auf die Seite des Größeren, denn als Freund des Bräutigams freute er sich, als der Bräutigam schließlich da war (Joh 3,27-29). Er war nur Vorläufer; Jesus war der Größere, der nach ihm kommen sollte. „Es kommt einer nach mir, der ist stärker als ich, und ich bin nicht genug, dass ich mich bücke und die Riemen seiner Schuhe auflöse. Ich taufe euch mit Wasser; er aber wird euch mit dem Heiligen Geist taufen" (Mk 1,7-8).

2.2 Die Taufe des Größeren

Matthäus und Lukas verbinden die bevorstehende Taufe mit dem Geist, mit der Feuertaufe (Mt 3,11; Lk 3,16). Schon im Alten Testament wird der Geist oft mit Wasser verglichen. Es braucht uns also nicht zu wundern, wenn Johannes von einer Taufe mit dem Geist spricht. Die Taufe mit Feuer wird man wohl als Bildersprache für das göttliche Gericht verstehen müssen. (In Offenbarung 20,5 hören wir von einem Feuersee.)

Was mit „Taufe mit dem Geist" gemeint war, erklärt Jesus selbst (Apg 1,5). „Denn Johannes hat mit Wasser getauft, ihr aber sollt mit dem Heiligen Geist getauft werden, nicht lange nach diesen Tagen." Also, ganz klar: Am Pfingsttage wurden Jesu Nachfolger mit dem Geist getauft. Die Taufe mit Feuer, wie es scheint, kommt noch. Einige Bibelausleger sind übrigens der Meinung, dass die Taufe mit Feuer in den „Zungen wie Feuer" erfüllt worden ist. Andere meinen, Geist und Feuer sind gleichbedeutend. Jesus sagte, er sei gekommen, „dass ich ein Feuer anzünde auf Erden; was wollte ich lieber, als es brennte schon!" (Lk 12,49)

Dieses Feuer, so wird gesagt, war der Heilige Geist. In dem Fall denkt man dann mehr an die reinigende Kraft des Feuers.

Jedoch, die Weissagung von der Taufe mit Feuer kann kaum anders als Gericht verstanden werden. Denn, so fügt Johannes hinzu, „er wird seine Tenne fegen und den Weizen in seine Scheune sammeln, aber die Spreu wird er verbrennen mit unauslöschlichem Feuer" (Mt 3,12). Ähnliches lesen wir in Lukas 3,9.

Also wird der Größere eine zweifache Taufe ausführen: Am Pfingsttage wird er in seiner großen Gnade den Geist ausgießen und am Ende der Zeit wird er die Gottlosen richten. In einem gewissen Sinn könnte man vielleicht sagen, dass dieses Gericht schon mit Pfingsten anhob, als Tausende sich bekehrten und viele andere die Botschaft des Evangeliums abwiesen. Am Pfingsttage kam es schon gleichsam zu einer Scheidung zwischen Gläubigen und Ungläubigen.

Jesus erklärte (Apg 1,5), dass die kommende Taufe mit dem Geist am Pfingsttage sich von der Wassertaufe des Johannes unterscheide. Nicht, dass die Gläubigen nicht mehr mit Wasser getauft werden würden (Jesus selber taufte auch noch mit Wasser; Joh 3,22; 4,1-2), denn die Taufe mit Wasser vor Pfingsten war noch nicht mit dem Empfang des Geistes verbunden. Am Pfingstfest wurden Wasser und Geist verbunden.

Merkwürdig, es wird nirgends berichtet, dass die, welche vor Pfingsten mit Wasser getauft wurden, sich noch einmal taufen ließen, nachdem sie die Gabe des Geistes empfangen hatten. Jedenfalls wurde die schon empfangene Wassertaufe durch die Gabe des Geistes am Pfingsttage zur christlichen Taufe. In der christlichen Taufe gehen Geistempfang und Wassertaufe zusammen.

Außerhalb der Evangelien, die von der kommenden Taufe mit dem Geist berichten und Jesu Erklärung dieser Taufe (Apg 1,5), wird die Taufe mit dem Geist nur noch einmal in der Apostelgeschichte erwähnt. Als Petrus einen Bericht über die Bekehrung und den Geistempfang der Heiden im Hause des Kornelius gab, erklärt er, dass diese Erfahrung ihn an das Wort Jesu erinnere: „Johannes hat mit Wasser getauft; ihr aber sollt mit dem Heiligen Geist getauft werden" (Apg 11,16). Den Satz „Nicht lange nach diesen Tagen" (Apg 1,5), lässt er aus, denn Pfingsten war vorbei, aber als die Heiden den Geist empfingen, wurde er an Pfingsten erinnert. Und genauso wie die neuen Gläubigen am Pfingsttage zusätzlich mit Wasser getauft wurden, so waren auch die Gläubigen aus den Heiden nach ihrer Bekehrung mit Wasser getauft worden.

Nur noch einmal kommt der Ausdruck „Taufe mit dem Geist" im Neuen Testament vor und zwar in 1.Korinther 12,13. Hier wird bestätigt, dass alle Gläubigen durch einen Geist zu einem Leibe getauft worden sind, ob Juden oder Griechen, Unfreie oder Freie. Genauso wie in der Apostelgeschichte geht es hier bei der Geistestaufe um den Anfang des christlichen Lebens, oder um es anders zu sagen: Um die Gründung der Gemeinde. Nirgends wird die Taufe mit dem Geist als zweite Erfahrung für Gläubige gesehen.

Gotteskinder machen mitunter tiefgreifende Erfahrungen mit dem Herrn, die manchmal als Geistestaufe bezeichnet werden. Dadurch entsteht oft Verwirrung unter den Gläubigen. Einmal wird der Ausdruck „Taufe des Geistes" nicht im Sinn des Neuen Testaments gebraucht. Zum andern steht man in Gefahr, eine persönliche Erfahrung im Glaubensleben zur Norm für andere zu machen. Manchmal hat dieses dann noch die traurige Folge, dass Gotteskinder in zwei Klassen geteilt werden: Die, welche eine zweite Erfahrung gemacht haben; und die, welche zum Durchschnittschristentum gehören. Aber solche Scheidung kennt das Neue Testament nicht. Dass Gotteskinder ermahnt werden, mit dem Geist erfüllt zu werden, ist eine ganz andere Sache. Auch sollten wir nicht schief auf die schauen, welche in ihrem Glaubensleben neue Erfahrungen machen; nur sollte man diese Erfahrungen nicht als Taufe mit dem Geist bezeichnen. Taufe mit dem Geist ist eine einmalige Erfahrung am Anfang des christlichen Lebens, in der Gott uns den Geist als Gabe schenkt.

Johannes der Täufer erlebte die Taufe mit dem Geist nicht mehr; er starb als Zeuge der Wahrheit. Aber seine Weissagung ging in Erfüllung, als der Größere, nachdem er durch Tod und Auferstehung für alle Menschen das Heil erworben hatte, in die Herrlichkeit aufgenommen wurde und am Pfingsttage seinen Geist ausgoß. Jesus jedoch war schon vor Pfingsten der Träger des Geistes.

3 DER MESSIAS ALS TRÄGER DES GEISTES

In den prophetischen Hoffnungen des Alten Testaments sind zwei Linien, was die Wirksamkeit des Heiligen Geistes in der neuen Zeit betrifft, sichtbar. Einerseits wird die Hoffnung ausgedrückt, dass Gott seinen Geist auf alles Fleisch ausgießen wird (Joel 3,1); andererseits wird die Wirksamkeit des Heiligen Geistes an die Person des kommenden Davidssohn (Jes 11,1ff), oder auch des leidenden Gottesknechts (Jes 42,1ff), gebunden. Im Neuen Testament laufen diese zwei Linien ineinander in der Person Jesu, des Messias. Jesus wurde nicht nur vom Heiligen Geist gezeugt und gesalbt, sondern er verhieß auch die Taufe mit dem Geist, nachdem er sein Werk auf Erden vollendet hatte. Wir werfen daher einige Blicke auf den Messias, als Träger des Heiligen Geistes.

3.1 Die Zeugung Jesu durch den Geist

Matthäus und Lukas lassen den Leser der Evangelien wissen, dass Joseph die Mutter Jesu, Maria, vor der Geburt unseres Herrn nicht „erkannte" (d.h. geschlechtlicher Verkehr). (Mt 1,18; Lk 1,34-35) Als Maria den göttlichen Boten fragte, wie es zugehen sollte, dass sie, eine Jungfrau, einen Sohn gebären sollte, gab er zur Antwort: „Der Heilige Geist wird über dich kommen und die Kraft des Höchsten wird dich überschatten; darum wird auch das Heilige, das von dir geboren wird, Gottes Sohn genannt werden" (Lk 1,35). Im Matthäusevangelium lesen wir: „Als Maria, seine Mutter, dem Joseph anvertraut war, erfand sich's, ehe er sie heimholte, dass sie schwanger war von dem Heiligen Geist" (Mt 1,18).

Die Evangelisten geben keinen Grund an, weshalb Jesus in dieser Weise empfangen werden sollte. Skeptiker versuchten dieses Wunder in verschiedener Weise zu umgehen. Einige haben in griechischen Sagen, in denen Götter mit Jungfrauen geschlechtlichen Verkehr haben, Parallelen gefunden. Aber Jesus wurde ohne geschlechtlichen Verkehr geboren. Noch andere haben gemunkelt, dass die Evangelisten sich die jungfräuliche Geburt Jesu ausgedacht haben, auf Grund der mirakulösen Geburten, die im Alten Testament erwähnt werden (z.B. die Geburt Isaaks). Aber auch das Alte Testament kennt keine jungfräuliche Geburten. Dass Maria ihren erstgeborenen Sohn durch den Heiligen Geist empfing, ist etwas ganz Einmaliges. Dass der Gründer einer neuen Menschheit auf solch eine wunderbare Weise empfangen wurde, sollte uns nicht wundern.

Dass nur zwei apostolische Schreiber die jungfräuliche Geburt Jesu erwähnen, sollte nicht so verstanden werden, als ob andere Apostel nicht daran glaubten. Es war eben nicht eine Lehre, die damals in Frage gestellt wurde. Hätten Gemeinden darüber Zweifel gehabt, hätten die Apostel bestimmt zu diesem Thema gesprochen. Wer an das Wunder der Auferstehung Jesu glaubt, sollte doch eigentlich keine Schwierigkeiten mit der Lehre der Empfängnis Jesu durch den Heiligen Geist haben.

Die jungfräuliche Geburt Jesu betont die wichtige Wahrheit, dass Gott – und nicht der Mensch – den Heiland zur Welt gebracht hat. Jesu Geburt geschah nicht auf Josephs Initiative, sondern durch Gottes wunderbares Walten. Der Heilige Geist war ja ein Zeichen, dass die neue Zeit angebrochen war; und die Empfängnis Jesu durch den Geist verkündigt eine neue Schöpfung. (Wir erinnern an die Wirksamkeit des göttlichen „Geistes" bei der alten Schöpfung. 1Mo 1,2)

Gott hätte ja auch auf einem anderen Weg den Erlöser in die Menschheit einführen können, aber er beschloß es auf diesem einzigartigen Wege zu tun: Durch den Heiligen Geist. Wenn wir von der jungfräulichen Geburt Jesu sprechen, meinen wir eigentlich seine jungfräuliche Empfängnis; geboren wurde er wie andere Kinder. „Geboren von einem Weibe," schreibt Paulus an die Galater (4,4). Über seine Kindheit und Jugend wissen wir leider fast nichts, aber als die Stimme des Vorläufers im Jordantal erscholl, trat Jesus seine Wirksamkeit an. Er verläßt Galiläa, um sich von Johannes taufen zu lassen. Und bei seiner Taufe wurde er mit dem Heiligen Geist für seinen Retterdienst gesalbt.

3.2 Jesu Salbung mit dem Geist

Die Taufe Jesu beendete die Wirksamkeit des Vorläufers nicht augenblicklich, aber sie war der Auftakt für den Dienst des Messias. Warum Jesus sich überhaupt taufen ließ, ist für viele Bibelleser schon immer ein Problem gewesen, denn Jesus war ja sündlos und brauchte keine Sünden zu bekennen. Aber Jesus war gekommen, um die Sünden der Welt hinwegzutragen (Joh 1,29) und daher stellte er sich am Anfang seines Dienstes mit Sündern gleich. Als Jesus in das schmutzige Wasser des Jordans trat, bekannte er seine Solidarität mit der gefallenen Menschheit; er betrat gleichsam den Weg, der zum Kreuz führen würde.

Dass seine Taufe gottgewollt war, wird dadurch bezeugt, dass der Geist auf ihn hernieder kam, und der Vater im Himmel seinen Wohlgefallen über seinen Sohn aussprach. Alle drei Synoptiker berichten, dass, als Jesus getauft wurde und aus dem Wasser stieg, der Himmel sich öffnete (ein idiomatischer Ausdruck für göttliche Offenbarung) (Mk 1,10; Mt 3,16; Lk 3,21).

Als der Geist Gottes auf Jesus kam, wurde das prophetische Wort von dem leidenden Gottesknecht erfüllt: „Siehe, das ist mein Knecht, den ich erwählt habe, und mein Geliebter, an dem meine Seele Wohlgefallen hat; ich will meinen Geist auf ihn legen, und er soll den Heiden das Recht verkündigen." (Mt 12,18) Durch die göttliche Anrede: „Du bist mein lieber Sohn" (Mt 3,17) werden wir an den Sohn Davids erinnert (Jes 11,1ff), auf dem der Geist Gottes ruhen sollte. Auch werden wir in dieser Anrede an Psalm 2,7 erinnert, wo vom König auf Davids Thron gesagt wird: „Du bist mein Sohn, heute habe ich dich gezeugt". Also werden in dem göttlichen Wort vom Himmel die zwei messianischen Hoffnungslinien verbunden: Jesus ist davidischer König und zugleich leidender Gottesknecht.

Die Salbung mit dem Geist bei der Taufe sollte Jesus befähigen, seine messianische Sendung auszuführen. „Der Geist des Herrn ist bei mir, darum weil er mich gesalbt hat ... zu verkündigen das Gnadenjahr des Herrn" (Lk 4,18-19). Die Salbung Jesu mit dem Geist erklärt auch seine wunderbaren Taten. In seiner Predigt im Hause des Kornelius erklärt Petrus: „Diesen Jesus von Nazareth (hat er) gesalbt mit dem Heiligen Geist und Kraft; der ist umhergezogen und hat wohlgetan und gesund gemacht alle, die vom Teufel überwältigt waren, denn Gott war mit ihm" (Apg 10,38).

Nach dem Evangelium des Johannes hatte die Salbung Jesu bei der Taufe auch noch einen anderen Zweck: Jesus als Gesandten Gottes zu offenbaren. „Und ich kannte ihn nicht. Aber der mich sandte, zu taufen mit Wasser, der sprach zu mir: Über welchen du sehen wirst den Geist herabfahren und auf ihm bleiben, der ist's, der mit dem Heiligen Geist tauft" (Joh 1,33). Was in diesem Text noch wichtig ist, ist, dass der Heilige Geist auf Jesus blieb: „Ich sah, dass der Geist herabfuhr wie eine Taube vom Himmel und blieb auf ihm" (Joh 1,31). Jesus ist also auch Träger des Heiligen Geistes, und wenn Gottes Stunde schlagen wird und das Erlösungswerk vollbracht sein wird, dann wird er diesen Geist ausgießen.

Die Taufe Jesu und die Salbung mit dem Geist war eine einzigartige Erfahrung. Sein öffentlicher messianischer Dienst begann mit seiner Taufe. Jesu Taufe mit Wasser war gleichsam das Vorzeichen seiner Taufe mit dem Tod: „Aber ich muss mich zuvor taufen lassen mit einer Taufe und wie ist mir so bange, bis sie vollendet werde" (Lk 12,50).

Die Taufe Jesu ist auch aufs Engste mit seiner Versuchung vom Teufel verbunden. In allen drei Synoptikern wird erklärt, dass Jesus durch den Geist in die Wüste geführt wurde. Lukas fügt noch hinzu, dass Jesus voll des Heiligen Geistes vom Geist in die Wüste geführt wurde (Lk 4,1). Während Matthäus und Markus die Versuchung Jesu auf die Taufe und Salbung folgen lassen, hat Lukas zwischen Taufe und Versuchung ein langes Geschlechtsregister (Lk 3,23-38). Diese Genealogie bei Lukas wird bis auf Adam zurückgeführt. Es scheint, als ob Lukas sagen wollte, dass Jesus durch seine Taufe, bei der er sich mit Sündern in die Reihe stellt, seine Mitgliedschaft in der gefallenen Menschheit bezeugen wollte. Um diese gefallene Menschheit zu retten, wird er von Gott durch den Geist ausgerüstet. Aber zunächst muss er auf die Probe gestellt werden, damit bei ihm kein Zweifel sein sollte über die Methode, durch welche Gott die sündige Menschheit retten wollte.

Satan versuchte auf allen möglichen Wegen, Jesus von dem Weg des Dienens und Leidens abzulenken, aber Jesus siegte über den bösen Feind. Übrigens ließ dieser ihn nicht in Ruhe, sondern wartete auf eine bessere Gelegenheit (Lk 4,13). Bis in Gethsemane, ja bis nach Golgatha verfolgte Satan unsern Herrn, aber gerade als er meinte, den Sieg errungen zu haben, stand Jesus vom Tode auf und Satan bekam den Todesstoß. Jesus ging in die Wüste, geführt durch den Heiligen Geist; und nach seinem Sieg über den Teufel kam er aus der Wüste nach Galiläa „in der Kraft des Geistes" (Lk 4,14). Jetzt ist er bereit, seinen Dienst zu beginnen.

3.3 Jesu Dienst in der Kraft des Geistes

In dem Bewußtsein, dass er mit dem Geist gesalbt worden war, begann Jesus seine Wirksamkeit. Gesalbt zu sein, bedeutete zweifaches: Von Gott berufen zu sein und von Gott befähigt zu sein, diese Berufung auszuführen. Ohne Hemmungen wandte Jesus das Wort aus Jesaja 61,1ff auf sich an, als er in der Synagoge zu Nazareth die Schriftvorlesung gab: „Der Geist des Herrn ist bei mir, darum weil er mich gesalbt hat ..." (Lk 4,18).

Nicht nur verkündigte Jesus die Frohe Botschaft vom Reich Gottes in der Kraft des Geistes, sondern auch seine Wunder wurden durch den Geist möglich gemacht. „Wenn ich aber die bösen Geister durch den Geist Gottes austreibe, so ist das Reich Gottes zu euch gekommen" (Mt 12,28). Durch die Kraft des Heiligen Geistes griff Jesus das Reich Satans an; die Dämonenbeschwörung war ein klares Zeichen, dass Satans Reich am untergehen war. Jesus ist der Stärkere, der den starken Mann bindet und ihm seine Beute wegnimmt (Mk 3,27).

Die, welche sich für die Wirkung des Geistes Gottes in den Worten und Taten Jesu verschlossen, standen in Gefahr, die Sünde gegen den Heiligen Geist zu begehen. Durch den Geist offenbarte Gott sich, und nur durch die Erleuchtung des Geistes konnten Menschen diese Offenbarungen Gottes erkennen. Wenn Menschen dann grundsätzlich die Botschaft Jesu von sich stießen, setzten sie sich in Gefahr, auf ewig verloren zu gehen. Dass Jesu Zeitgenossen ihn nicht sofort als Messias anerkannten (er war ja so anders als man ihn im Judentum erwartete), konnte vergeben werden (Mt 12,31-32; Mk 3,28-29; Lk 12,10), aber den Geist zu lästern, ist unverzeihlich.

In diesem Kapitel haben wir versucht zu betonen, dass Jesus der Träger des Heiligen Geistes ist. Die Gegenwart des Geistes in seinem Leben, Lehren und Wirken war das Zeichen, dass die neue Zeit angebrochen war. Aber Jesus schaute auch in die Zukunft. Nachdem sein Werk auf Erden beendet sein würde, würde er zurück zum Vater gehen und als erhöhter Herr seinen Geist ausgießen.

4 DIE VERHEISSUNG DES GEISTES IN DER BOTSCHAFT JESU

In den synoptischen Evangelien stehen nur wenige Aussagen Jesu über den kommenden Geist. Nach Lukas 11,13 verspricht Jesus denen, die darum bitten, den göttlichen Geist: „So denn ihr, die ihr arg seid, könnt euren Kindern gute Gaben geben, wieviel mehr wird der Vater im Himmel den Heiligen Geist geben denen, die ihn bitten". Matthäus gebrauchte statt *Heiligen Geist* das umfangreichere Wort: „Wieviel mehr wird euer Vater im Himmel *Gutes* geben denen, die ihn bitten." (Mt 7,11) In diesem „Guten" ist der Heilige Geist eingeschlossen. Jesu Nachfolger brauchen stets die Hilfe des Geistes, um ihre Dienste im Reiche Gottes zu tun und um einen Gott wohlgefälligen Wandel zu führen.

Noch eine Verheißung haben wir in Markus 13,11, wo von der Verfolgung der Jünger die Rede ist. Verfolgung wird im Zusammenhang mit der Ausführung des Missionsbefehls verbunden (Mk 13,10). Wenn die Boten des Evangeliums vor Gericht gezogen werden, „so sorget nicht zuvor, was ihr reden sollt; sondern was euch zu der Stunde gegeben wird, das redet. Denn ihr seid's nicht, die da reden, sondern der Heilige Geist." Jesu Zeugen können sich auf das Verhör vor Gericht nicht vorbereiten: Unerwartete Fragen werden ihnen gestellt. Aber sie dürfen ohne Sorge sein, denn der Heilige Geist wird sie befähigen, ihren Glauben zu bezeugen.

Nirgends haben wir so viele Verheißungen, die vom kommenden Geist sprechen, wie im Johannesevangelium. Johannes bezeugt auch die Salbung Jesu mit dem Geist bei seiner Taufe (Joh 1,32-33). Er weiß, dass Gott seinem Sohn den Geist ohne Maß gegeben hat (Joh 3,34), im Vergleich zu den Propheten des alten Bundes, die den Geist mit Maß empfingen. Aber in diesem Kapitel beschäftigen wir uns mit den Aussagen Jesu über die Wirksamkeit des Geistes, wie sie im Johannesevangelium zu finden sind.

4.1 Die Wiedergeburt durch den Geist

In nächtlicher Stunde kommt der Rabbiner Nikodemus zu Jesus. Er ist von Jesu mächtigen Zeichen und seinen Lehren beeindruckt worden. Mit großer Vollmacht erklärt Jesus ihm: „Wahrlich, wahrlich, ich sage dir: Es sei denn, dass jemand geboren werde aus Wasser und Geist, so kann er nicht in das Reich Gottes kommen" (Joh 3,5).

„Wiedergeburt" war ein Begriff, der im Judentum sonst bekannt war. Wenn Heiden sich der Synagoge anschlossen, wurden sie als neugeborene Kinder betrachtet. Sogar in heidnischen Religionen sprach man von Wiedergeburt. Aber Jesus braucht den Ausdruck, um zu unterstreichen, dass Nikodemus ein neuer Mensch werden muss, wenn er ins Reich Gottes eingehen will. Nikodemus kannte diese Sprache jedenfalls, denn die Propheten hatten ja schon von der Erneuerung des Menschen im kommenden Äon gesprochen; Gott würde ihnen das steinerne Herz wegnehmen und ein fleischernes geben (Hes 36,25-29).

Aber obwohl er ein Lehrer in Israel war, verstand Nikodemus diese Worte Jesu nicht. Er konnte nicht sehen, wie ein Mensch noch einmal in seiner Mutter Leib gehen konnte, um neu geboren zu werden. Jesus sprach aber von einer Geburt durch den Geist, durch welche ein Mensch ins Reich Gottes eingehen konnte. Was vom Fleisch geboren ist, ist Fleisch (Joh 3,6) – ist also eine natürliche Geburt. Jedoch als Mensch geboren zu sein, garantiert niemandem den Eingang ins Reich Gottes.

Wie konnte man ins Reich Gottes kommen? Durch eine Wiedergeburt, eine Geburt von oben (**anothen** kann „wieder" und auch „von oben" bedeuten); und diese Geburt geschieht durch Wasser und Geist. Einige Bibelausleger haben dieses Wort Jesu so verstanden: Seit Pfingsten, wenn Menschen sich zum Herrn bekehren, werden sie mit Wasser getauft und erhalten die Gabe des Geistes. Johannes hat also diese christliche Redewendung hier in den Mund Jesu gelegt. Aber Jesus kann doch unmöglich an die christliche Taufe gedacht haben. Seine Bibel und die des Nikodemus war das Alte Testament. Und der Prophet Hesekiel hatte vor langer Zeit geweissagt, dass wenn die neue Zeit anbrechen würde, Gott „reines Wasser über euch sprengen (würde), dass ihr rein werdet ... Und ich will euch ein neues Herz und einen neuen Geist in euch geben ... Ich will meinen Geist in euch geben und will solche Leute aus euch machen, die in meinen Geboten wandeln und meine Rechte halten und danach tun" (Hes 36,25-27). Die Wiedergeburt fordert eine innere Reinigung (Wasser), und das ist ein Werk des Heiligen Geistes. Paulus schreibt später, dass Gott uns errettet hat „durch das Bad der Wiedergeburt und Erneuerung des Heiligen Geistes" (Tit 3,5).

Jesus vergleicht die Wirkung des Geistes mit dem Wind, den man hören und spüren, aber nicht erklären kann. Die Wiedergeburt durch den Geist kann man erfahren, aber man kann den Prozeß nicht erklären. Der Geist ist nicht unter menschlicher Kontrolle; er tut seine Arbeit in souveräner Weise. Er erweckt das schlafende Gewissen; überzeugt den Menschen von seiner Sündhaftigkeit; erleuchtet sein Denken, so dass er Gottes Heilsgabe begreifen kann; stärkt den Willen, sich für Christus zu entscheiden; und gibt dem Gläubigen das Bewußtsein, dass er ein Kind Gottes ist.

Der Heilige Geist, nach der Lehre Jesu, ist nicht nur am Anfang des christlichen Lebens tätig, sondern das Glaubensleben der Kinder Gottes wird auch durch den Heiligen Geist getragen, ebenso wie der Gottesdienst.

4.2 Die Anbetung im Geist

In seiner Unterhaltung mit der samaritischen Frau am Brunnenrand in Sychar bot Jesus dieser Sünderin das Wasser des Lebens an (Joh 4,11-15). Er sagt nicht ausdrücklich, dass dieses Lebenswasser der Heilige Geist ist, aber er spricht von dem kommenden Geist. In Johannes 3,5 wird Wasser und Geist verbunden; in 7,37-39 werden Ströme des Wassers mit der Gabe des Geistes identifiziert. Und in seinem Gespräch mit der Samariterin geht die Unterhaltung über das Lebenswasser allmählich zur Anbetung durch den Geist über. „Es kommt die Zeit," sagte Jesus, „dass ihr weder auf diesem Berge noch zu Jerusalem werdet den Vater anbeten ... Es kommt die Zeit und ist schon jetzt, dass die wahrhaften Anbeter werden den Vater anbeten im Geist und in der Wahrheit" (Joh 4,21.23).

Der Samariterin war es wichtig, ob Garizim oder Jerusalem der von Gott erwählte Berg der Anbetung sei. Jesus weist darauf hin, dass die Stunde jetzt gekommen ist, in welcher der Ort der Anbetung keine Rolle mehr spielt. Und der Grund ist einfach der: Menschen werden Gott im Geist und in der Wahrheit anbeten, und dann ist die Frage nicht mehr, *wo* man anbetet, sondern *wie* man anbetet.

Doch was heißt im Geist und in der Wahrheit anbeten? Die Ausleger gehen hier auseinander, aber man dürfte Jesu Worte so verstehen: In der Vergangenheit war in Israel der Tempel in Jerusalem der Ort der Anbetung. Hier brachte man Gott die vorgeschriebenen Opfer. Oft war dieser Gottesdienst ein Ritual, wobei das Herz nicht dabei war; es war reine Formsache. In der neuen Zeit spielen äußere Formen, Tempel und Altar keine Rolle mehr; der Gottesdienst der wahren Anbeter wird vom Geist Gottes getragen. Die neuen Anbeter dienen Gott mit aufrichtigem Herzen (in Wahrheit). Zudem beten sie ihn als Vater an, „denn der Vater will haben, die ihn also anbeten" (4,23). Jesus hat uns den Vater offenbart, und das gibt unserem Gottesdienst eine neue Prägung.

Und der Grund, weshalb der Gottesdienst im Geist und in der Wahrheit geschehen soll, ist das Sein Gottes: „Gott ist Geist". Er wohnt in einer ganz andern Welt; er ist heilig und wohnt in einem Licht, da niemand zutreten darf. Als irdische Geschöpfe und als gefallene Menschen sind wir nicht imstande, aus eigenem Können Gott anzubeten; wir brauchen die Hilfe des Geistes.

4.3 Ein fruchtbares Leben im Geist

Es war am Laubhüttenfest und zwar am letzten Tage des Festes, als Jesus im Tempel auftrat und laut ausrief: „Wen da dürstet, der komme zu mir und trinke. Wer an mich glaubt, wie die Schrift sagt, von des Leibe werden Ströme lebendigen Wassers fließen. Das sagte er aber von dem Geist, welchen empfangen sollten, die an ihn glaubten; denn der Geist war noch nicht da, denn Jesus war noch nicht verherrlicht." (Joh 7,37-39)

Am Laubhüttenfest, welches im Herbst nach der Weinernte gefeiert wurde, betete man um Regen. Wenn's am Laubhüttenfest regnete, konnte man mit Zuversicht mit einer Ernte im kommenden Jahr rechnen. Auch trug man an diesem Fest Wasser aus der Gihonquelle in den Tempel und man erinnerte sich an das prophetische Wort: „Ihr werdet mit Freuden Wasser schöpfen aus dem Heilsbrunnen" (Jes 12,3). Jesu Worte an dem großen Festtag lassen uns an diese Umstände denken. Die Festgäste dachten an Regen, Wasser und Trankopfer, aber Jesus dachte an eine andere Art von Wasser. Immer wieder hatten die Propheten die neue Zeit als eine Zeit beschrieben, in welcher frische Wasserströme fließen würden; die Zeit war jetzt gekommen.

Und der Evangelist Johannes, der viele Jahre später sein Evangelium schrieb, erklärt, was Jesus mit *Wasser* meinte: „Das sagte er aber vom Geist, welchen empfangen sollten, die an ihn glaubten." Der Heilige Geist wird hier mit frischem Wasser verglichen, das sich aufs trockene Land ergießt und alles erfrischt und die Erde fruchtbar macht. Aber „der Geist war noch nicht da, denn Jesus war noch nicht verherrlicht" (Joh 7,39). Johannes will nicht sagen, dass es bis dahin keinen Geist Gottes gab (Was sollten sonst all die alttestamentlichen Texte, die vom Geist sprechen?), aber der Geist des auferstandenen Christus war noch nicht ausgegossen. Das sollte nach seiner Verherrlichung geschehen – nach Kreuz, Auferstehung und Himmelfahrt.

Aber wenn der Geist erst ausgegossen sein wird, dann werden von dem Leibe der Gläubigen Ströme des lebendigen Wassers fließen (7,38). Die Gabe des Geistes, welche die empfangen werden, die an Jesus glauben, wird in ihnen ein Quell des Lebenswassers werden, daran sich andere laben können. Wer von dem Wasser trinkt, welches Jesus anbietet, wird selbst zum Segensspender. „Wie die Schrift sagt" könnte auf „Glauben" bezogen werden („Wer da glaubt, wie die Schrift sagt"), aber jedenfalls bezieht sich der Ausdruck auf die Wasserströme, die im Alten Testament verheißen werden. Man könnte da an Verheißungen, wie Jesaja 58,11 sie gibt, denken: „Und der Herr wird dich immerdar führen und deine Seele sättigen in der Dürre und deine Gebeine stärken; und du wirst sein wie ein gewässerter Garten und wie eine Wasserquelle, welcher es nimmer an Wasser fehlt."

Die Gabe des Geistes soll nicht nur den inneren Durst der Seele stillen, sondern der Geist soll uns auch von einem selbstsüchtigen Leben erlösen, damit wir frei werden, anderen zu dienen und ihnen zum Segen zu sein.

4.4 Die Verheißung des Trösters

Viermal wird der Heilige Geist im Johannesevangelium **parakletos** (gr.) genannt. Sonst kommt diese Bezeichnung nur noch in 1.Johannes 2,1 vor, wo Jesus selbst „Paraklet" genannt wird, der uns bei dem Vater vertritt. Das Wort **parakletos** bedeutet buchstäblich „jemanden zur Seite zu rufen", d.h. wenn wir Hilfe benötigen. Man könnte das Wort mit „Fürsprecher" (Advokat) übersetzen, wenn man an jemand denkt, der einen Angeklagten vor Gericht verteidigt. Im allgemeinen Sinn darf man das Wort Paraklet mit Tröster, Freund, Berater oder Helfer übersetzen. Man wird sich bei der Übersetzung vom Zusammenhang leiten lassen müssen.

In den Abschiedsreden Jesu liegt das Kommen des Paraklets in der Zukunft. Er wird kommen, wenn Jesus nicht mehr auf Erden ist. (Joh 16,7) Er wird als Antwort auf Jesu Gebet gegeben werden (14,16). Der Paraklet wird Jesus verherrlichen. „Derselbe wird mich verherrlichen; denn von dem Meinen wird er's nehmen und euch verkündigen" (16,14). Er wird die Jünger daran erinnern, was Jesus gelehrt hat (14,26) und wird von Jesus zeugen (15, 26-27).

Wir müssen auf die Wirksamkeit des kommenden Paraklets etwas näher eingehen. Jesus erklärt, dass der Paraklet in den Seinen wohnen wird: „Und ich will den Vater bitten, und er wird euch einen andern Tröster geben, dass er bei euch sei ewiglich; den Geist der Wahrheit, welchen die Welt nicht kann empfangen, denn sie sieht ihn nicht und kennt ihn nicht. Ihr aber kennt ihn, denn er bleibt bei euch und wird in euch sein" (Joh 14,16-17).

Was in diesem Wort Jesu einzigartig ist, ist, dass der Heilige Geist hier ein „anderer" Tröster genannt wird. Was von dem kommenden Geist gesagt wird, kann auch zum großen Teil von Jesus gesagt werden. Solange er auf Erden war, war er der Tröster (Berater, Freund) seiner Jünger. Jetzt aber wird er zum Vater gehen, und dann brauchen seine Nachfolger einen „anderen" Tröster. Dieser Paraklet heißt hier „Geist der Wahrheit" (Joh 15,26; 16,13). Er ist nicht nur ein wahrer Geist, sondern ein Geist, der die Wahrheit kommuniziert.

Dieser Geist der Wahrheit wird nicht nur „mit" den Gläubigen sein, sondern auch „in" ihnen. Deshalb brauchen die Jünger sich auch nicht vor dem Weggehen ihres Herrn zu fürchten, denn er überläßt sie nicht sich selbst; er wird zu ihnen kommen, nicht im Fleisch, sondern in der Person seines Vertreters. Der Paraklet ist gleichsam Jesu **altes Ego**.

Auch wird dieser kommende Geist sie belehren. „Aber der Tröster, der Heilige Geist, welchen mein Vater senden wird in meinem Namen, der wird euch alles lehren und euch erinnern alles des, was ich euch gesagt habe" (Joh 14,26).

Der Heilige Geist, der im Namen Jesu kommen wird, wird das Werk der Belehrung, welches Jesus begonnen hatte, weiterführen. Dieses Lehren wird jedoch nicht über die Lehren Jesu hinausgehen, sondern wird die Jünger an das erinnern, was Jesus gesagt hat. Manches, was Jesus seinen Jüngern sagte, verstanden sie noch nicht so recht; nach Pfingsten wurde ihnen manches klar. Der Geist wird Jesus nicht widersprechen, und wenn Menschen heute behaupten, der Geist habe ihnen etwas gesagt, was der Lehre Jesu im Neuen Testament zuwider ist, dann haben sie sich getäuscht.

Fast dasselbe sagte Jesus noch einmal: „Wenn aber jener, der Geist der Wahrheit, kommen wird, der wird euch in alle Wahrheit leiten. Denn er wird nicht aus sich selbst reden; sondern was er hören wird, das wird er reden und was zukünftig ist, wird er euch verkündigen" (Joh 16,13). Nicht, dass der Heilige Geist „neue"

Wahrheiten, neue Lehren, neue Offenbarungen bringen wird, die über Jesu Lehren hinausgehen, sondern in „alle Wahrheit" wird er sie leiten. Der Geist wird den Jüngern neue Einblicke, neues Verständnis für die Offenbarung, welche Jesus gebracht hat, geben, aber er wird nichts „Neues" lehren. Was Jesus gelehrt hatte, sollte im neuen Licht gesehen werden. Also ist die Belehrung durch den Geist ganz christozentrisch.

Der Heilige Geist wird nicht nur in den Jüngern Jesu Wohnung nehmen; er wird sie nicht nur belehren, er wird auch von Christus zeugen. „Wenn aber der Tröster kommen wird, welchen ich euch senden werde vom Vater, der Geist der Wahrheit, der vom Vater ausgeht, der wird zeugen von mir" (Joh 15,26). Aber nicht nur der Geist wird von Jesus zeugen, sondern auch die Jünger Jesu: „Und auch ihr werdet meine Zeugen sein, denn ihr seid von Anfang bei mir gewesen" (V. 27). Augenblicklich werden wir an Jesu Worte nach Ostern erinnert: „Ihr aber werdet die Kraft des Heiligen Geistes empfangen, welcher auf euch kommen wird und werdet meine Zeugen sein..." (Apg 1,8).

Das Zeugnis, welches Jesus von Gottes Gnade und Wahrheit gegeben hatte, sollte mit seiner Verherrlichung nicht aufhören; es sollte durch seinen Geist weitergeführt werden. Zum Teil würde dieser Zeugendienst durch die Jünger Jesu weitergeführt werden. Kein Wunder, dass Jesus in diesem Zusammenhang (Joh 15,18-24) von Verfolgung spricht. In den Synoptikern wird gesagt, dass der Geist den Jüngern die rechten Worte vor Gericht geben wird (Mt 10,19ff; Mk 13,11). Als Petrus und Johannes vor dem Hohen Rat standen, bekannten sie: „Und wir sind Zeugen dieser Geschichten und der Heilige Geist, welchen Gott gegeben hat denen, die ihm gehorchen" (Apg 5,32). Hier fällt das Zeugnis der Apostel mit dem des Heiligen Geistes zusammen.

Die Wirksamkeit des Geistes ist noch auf einem andern Gebiet zu sehen: Er wird strafen, überzeugen, anklagen. „Aber ich sage euch die Wahrheit: es ist euch gut, dass ich hingehe. Denn wenn ich nicht hingehe, so kommt der Tröster nicht zu euch. Wenn ich aber gehe, will ich ihn zu euch senden. Und wenn derselbe kommt, wird er der Welt die Augen auftun über die Sünde und über die Gerechtigkeit und über das Gericht; über die Sünde: dass sie nicht glauben an mich; über die Gerechtigkeit: dass ich zum Vater gehe und ihr mich hinfort nicht seht; über das Gericht: dass der Fürst dieser Welt gerichtet ist" (Joh 16,7-11).

Hier wird von der richterlichen Aktivität des Parakleten gesprochen, und daher sollten wir das Wort ‚Paraklet' hier mehr im Sinne von ‚Anwalt, Ratgeber' übersetzen und zwar als anklagender Rechtsanwalt. In diesem Fall geht es nicht um die Wirksamkeit des Geistes im Leben der Jünger Jesu, sondern um die Arbeit des Geistes in der Welt und zwar in einer Welt, die von Gott nichts wissen will. Er soll gottlose Menschen von ihrer Sünde überzeugen. Die Hauptsünde der abgefallenen Welt ist, dass sie nicht an Jesus glaubt. Es gibt natürlich auch noch viele andere grobe Sünden, aber am Schlimmsten ist es, dass Menschen Christus verwerfen. Der Unglaube führte die jüdischen Herrscher dazu, dass sie den Messias zum Tode verurteilten. Jeder Bote des Evangeliums muss sich dieser strafenden Wirkung des Heiligen Geistes im Herzen der Ungläubigen bewußt sein, sonst verliert er den Mut, die Botschaft von der vergebenden Gnade Gottes zu verkündigen.

Auch wird der Geist den Menschen über die Gerechtigkeit die Augen öffnen. Dadurch, dass Jesus zum Vater gehen würde, obwohl man ihn im Unglauben getötet hatte, würde er vor der Welt gerechtfertigt werden. Der Geist soll Menschen davon überzeugen, dass das Urteil des Hohen Rates und des Pilatus verkehrt war. Er war kein Verbrecher, er war Gottes Gesandter. Gott stellte das Urteil seiner Feinde durch die Auferstehung Jesu auf den Kopf. Die jüdischen Behörden meinten, er sei ein Gotteslästerer und ein Verführer des Volks, aber der Paraklet wird bezeugen, dass Jesus das war, was er behauptete zu sein. Man dürfte hier an Paulus' Wort in 1.Timotheus 3,16 erinnern: „Er ist offenbart im Fleisch, gerechtfertigt im Geist."

Noch ein Drittes wird von der strafenden, überzeugenden Wirksamkeit des Geistes gesagt: Er wird der Welt die Augen auftun „über das Gericht: dass der Fürst dieser Welt gerichtet ist." Durch sein Sterben und Auferstehen überwand Jesus den Satan, den Fürsten dieser Welt. Auch wenn Satan heute noch gegen Gott und sein Volk tobt, ist er doch ein erledigter Feind; es ist nur noch eine Frage der Zeit. Der Paraklet wird die Welt davon überzeugen. In dem Gericht über Satan war aber noch mehr eingeschlossen: nämlich, dass Gott am Ende alle Gottlosen richten wird. Satans Gericht ist Vorwegnahme des Endgerichts. Und davon wird der Geist Menschen überzeugen. Nicht Jesus wurde vom Hohen Rat und Pilatus zum Gericht verurteilt (denn er stand vom Tode auf), sondern Satan und seine Anhänger wurden verdammt. Wenn der

Heilige Geist Menschen darüber die Augen öffnet, dann werden sie sich zu Christus bekehren.

Wir können uns vorstellen, wie wichtig all diese Worte Jesu über den kommenden Paraklet für die Urgemeinde gewesen sein müssen. Jesus war gen Himmel gefahren; er hatte sie verlassen. Aber sie fühlten sich nicht verwaist, denn der Geist, der Vertreter Jesu, war bei ihnen. Und bis auf den heutigen Tag gewinnt die Gemeinde Trost und Mut durch das Bewußtsein, dass der Tröster, Gottes Geist, in ihr Wohnung genommen hat. Auch in ihrem Zeugendienst ist die Gemeinde nicht sich selbst überlassen, denn der Geist ist auch in der Welt, im Herzen der Ungläubigen, an der Arbeit. Er überzeugt und straft sie, ja er zieht sie zu Jesus, dem Retter der Welt.

4.5 Der Hauch des Geistes

Nur im Johannesevangelium wird berichtet, dass am Abend des Auferstehungstages, als die Jünger hinter verschlossenen Türen saßen, Jesus ihnen seine Hände und seine Seite zeigte, um sie davon zu überzeugen, dass er es ist, ihr Herr und Meister. Das löste bei den Jüngern große Freude aus. Jesus hatte ihnen vorher gesagt, dass ihre Traurigkeit in Freude verwandelt werden würde (Joh 16,20), und so geschah es auch. Nachdem Jesus zum zweiten Mal die Jünger mit dem Friedensgruß angesprochen hatte, blies er sie an und sprach: „Nehmt hin den Heiligen Geist" (Joh 20,22).

Wie sollen wir den Geistempfang am Ostertage mit dem am Pfingsttage vereinbaren? Skeptiker meinen übrigens, Lukas (in Apg) und Johannes widersprechen sich und daher ist es nutzlos, sie in Einklang bringen zu wollen. Andere dagegen sagen, dass das, was hier geschah, rein symbolisch war, denn der Geist wurde erst am Pfingsttage geschenkt. Durch eine symbolische Handlung und sein Wort, gibt Jesus den Jüngern noch einmal die Verheißung, dass der Geist auf sie kommen wird. Also hätten wir in diesem Fall eine Vorwegnahme des Pfingstereignisses.

Anders gedacht: Wir haben tatsächlich zwei selbständige Ereignisse. Johannes berichtet, wie Jesus seinen Geist am Osterabend seinen Jüngern übermittelte, indem er sie anhauchte; und Lukas berichtet, was später am Pfingsttage geschah. Die Umstände hier und in der Apostelgeschichte sind recht verschieden. Hier wird die Gabe des Geistes mit der Vollmacht, Sünden zu erlassen, verbunden; dort mit Zeugendienst. Hier empfangen nur die Jünger den Geist; Pfingsten kam der Geist auf alle, die an Jesus glaubten. Vielleicht können wir so sagen: Die Gabe des Geistes am Ostertag gab den Jüngern eine innere Erwartung; die Gabe des Geistes am Pfingsttage war die äußere Erfüllung.

Andere meinen, Johannes und Lukas (in der Apg) berichten eigentlich dasselbe Geschehnis, aber von verschiedenen Gesichtspunkten. In dem Fall könnten wir vielleicht sagen, dass Johannes die enge Verbindung zwischen Auferstehung und Ausgießung des Geistes betonen wollte, und nicht nur mit der Auferstehung, sondern auch mit der Himmelfahrt, denn nach Johannes 20,17 durfte Maria Magdalena ihn nicht anrühren, bis er zu seinem Vater aufgefahren war. Dieses, so will man dann sagen, geschah, noch ehe Jesus seinen Jüngern den Geist gab. In dem Fall wäre der Bericht in Johannes 20 nicht so anders als der in der Apostelgeschichte, wo der Geist auch vom erhöhten Herrn ausgegossen wird.

Eines sollte man aber nicht tun: Diese zwei Erfahrungen der Jünger als Vorbild für eine zweiteilige Heilserfahrung zu machen. Die Ostererfahrung wäre dann die erste Erfahrung, die Bekehrung, bei der man die Gabe des Geistes empfängt; die Pfingsterfahrung dagegen wäre die Taufe mit Geist, als zweite Erfahrung; und der Beweis dafür, dass man die zweite Erfahrung gemacht hat, ist die Gabe des Zungenredens. So darf man Gottes Wort nicht gebrauchen. Pfingsten gehört, wie auch das Kreuz, die Auferstehung, und die Himmelfahrt Jesu, zu den einmaligen Grundfesten des christlichen Glaubens; diese geschichtlichen Ereignisse wiederholen sich nicht, sie sind einmalig.

In diesem ersten Teil unseres Buches haben wir uns die prophetischen Hoffnungen des Alten Testaments, in denen das Kommen des Geistes eine bedeutende Rolle spielt, vorgehalten. Auch haben wir die Wirksamkeit des Geistes beim Anbruch des neuen Äons betrachtet. Wir haben auf die Verheißung des Täufers, dass der Größere mit dem Geist taufen würde, geachtet. Auch haben wir die Bedeutung des Geistes Gottes im Leben unseres Herrn unterstrichen. Zuletzt haben wir uns die wunderbaren Weissagungen Jesu über den kommenden Tröster vor Augen geführt. Im zweiten Teil dieses Buches wollen wir das Kommen des Geistes am Pfingsttag und sein Wirken in der Urgemeinde ins Auge fassen.

DAS KOMMEN
DES GEISTES

1 DIE AUSGIESSUNG DES GEISTES AM PFINGSTTAGE

Die Hoffnung der alttestamentlichen Propheten, die Weissagungen des Täufers und die Lehren Jesu über den Heiligen Geist wurden am Pfingsttag erfüllt. Pfingsten war gleichsam der Abschluß des Heilswerkes, welches Jesus vollendet hatte, als er gen Himmel fuhr. Durch die Ausgießung des Geistes konnten Menschen, die ihr Vertrauen auf Christus setzten, das Heil, welches Christus für sie erworben hatte, in Empfang nehmen.

Nach seiner Auferstehung erschien der Herr zu wiederholten Malen seinen Jüngern und bereitete sie für das Pfingstwunder vor. Er gebot ihnen, in Jerusalem zu bleiben, bis die Verheißung des Vaters erfüllt worden war (Apg 1,4). In wenigen Tagen, so sagte er, sollten sie mit dem Heiligen Geist getauft werden (1,5). Auch würden sie durch den kommenden Geist die Kraft empfangen, um ihren Zeugendienst in der Welt auszuführen (1,8). Als dann das jüdische Pfingstfest tagte, waren Jesu Jünger, zusammen mit andern Nachfolgern des Herrn, in Jerusalem in einem oberen Gemach versammelt. Es war nicht von ungefähr, dass der Heilige Geist an einem jüdischen Pfingsttage ausgegossen wurde.

1.1 Das jüdische Pfingstfest

Das sogenannte Wochenfest der Juden fand fünfzig Tage nach dem Passafest statt. Es war eines der drei großen Feste in Israel. Die Getreideernte war dann schon vorbei und man weihte dem Herrn am Pfingsttage zwei Brote. Diese Brote nannte man Erstlingsfrüchte (3Mo 23,17; 4Mo 28,26). Das Wort „Pfingsten" war im Judentum fast gleichbedeutend mit „Erstlingsfrucht". Es sollte uns daher nicht wundern, wenn Paulus den Heiligen Geist als Erstlingsgabe bezeichnet (Röm 8,23).

Pfingsten (im Judentum **schabuoth** genannt) war immer ein freudiger Tag. Gott wollte es auch so, dass Israel sich am Fest der Wochen freuen sollte (5Mo 16,10ff). Man verteilte Gaben an Söhne, Töchter, Leviten, Fremdlinge, Witwen, usw. Es war also nicht von ungefähr, dass der Heilige Geist, der ein Geist der Freude ist (Gal 5,22; Röm 14,17), am Pfingsttage ausgegossen wurde. Dass der Heilige Geist am Pfingstfest an Söhne und Töchter, Knechte und Mägde, Jünglinge und Alte ausgeteilt wurde, ist jedenfalls eine leise Erinnerung an diese freudige Verteilung von Gaben am jüdischen Pfingsttage. Immer wieder hören wir in der Apostelgeschichte von der Freude derer, die sich zu Christus bekehrten und die Gabe des Geistes empfingen.

Ursprünglich war das Fest der Wochen gleichsam ein Erntedankfest, aber zur Zeit Jesu war es schon zum Gedenktag an die Gesetzgebung am Sinai geworden (Jub 1,1; 6,7). Interessant ist es, dass sich im Judentum eine Tradition befand, in welcher gelehrt wurde, dass Gott verschiedene Sprachen gebraucht hatte, um den verschiedenen Völkern, die am Sinai zugegen gewesen sein sollen, seinen Bund anzubieten. (Israel allein hatte den Bund angenommen.) Davon weiß das Alte Testament nichts, aber es ist doch sonderbar, dass Gott am ersten christlichen Pfingsttag den Vertretern der verschiedenen Länder der Welt die Heilsbotschaft in ihrer Muttersprache verkündigen ließ (Apg 2,5-13). Zudem wird in Apostelgeschichte 2 von lautem Brausen und von Feuerflammen gesprochen, welche an das Feuer, das Donnern und den Posaunenton bei der Gesetzgebung am Sinai erinnern (2Mo 19).

Weil das Christentum in der Geschichte Israels seine Wurzeln hat, ist es auch selbstverständlich, dass uns die großen Heilstaten Gottes verständlicher werden, wenn wir sie im Rahmen jüdischer Feste und Gepflogenheiten zu erklären suchen. Jetzt aber wenden wir uns dem Pfingstwunder zu.

1.2 Umstände, die das Kommen des Geistes begleiteten

A. Das Brausen vom Himmel

Als der Tag der Pfingsten erfüllt war, waren die Hundertzwanzig zusammen „und es geschah plötzlich ein Brausen vom Himmel, wie eines gewaltigen Windes" (Apg 2,2). Im Alten Testament wird Gottes Gegenwart immer wieder hörbar kundgemacht (1Mo 3,8; 1Sam 3,4ff; 2Mo 33,20ff). Philo gebraucht in seinem Bericht über die Gesetzgebung am Sinai dasselbe Wort, das Lukas hier gebraucht (**echos**). Dieses Brausen, so sagt er, verwandelte sich dann in Feuer und wurde aber als Sprache (**dialektos**, so wie in Apg 2,6) verstanden (De Dec. 9,11; De Spec. Leg. 31).

Oft offenbarte sich Gott in der Vergangenheit im Sturmwind (1Kön 19,11; Hiob 38,1). In Hesekiel 35,9-14 bläst der Wind (**ruach** kann Wind oder Geist bedeuten) Gottes auf die Totengebei-

ne und sie werden wieder lebendig. Jesus hatte schon in seiner
Unterhaltung mit Nikodemus den Geist mit dem Wind verglichen
(Joh 3,8). Und ähnlich wie der Wind (Geist) Gottes bei der alten
Schöpfung tätig war, so war er auch bei der Schöpfung eines neuen
Gottesvolkes zu hören.

Und dieses Brausen geschah „plötzlich". Wenn Gottes Stunde
schlägt, dann geschieht alles plötzlich. Der Prophet Maleachi
spricht auch vom „plötzlichen" Kommen des Herrn zu seinem
Tempel (Mal 3,1). Und als Jesus geboren wurde, war „plötzlich"
bei dem Engel die Menge der himmlischen Heerscharen (Lk 2,13).

B. Zungen von Feuer

„Und es erschienen ihnen Zungen, zerteilt, wie von Feuer; und
er setzte sich auf einen jeglichen unter ihnen" (Apg 2,3). Feuer, wie
Wind, ist im Alten Testament oft ein Zeichen der Gegenwart
Gottes (2Mo 3,2ff; 19,18; 1Kön 19,11-12). Der Täufer, Johannes,
hatte von einer Taufe mit dem Geist und mit Feuer gesprochen.
Petrus zitiert in seiner Pfingstpredigt den Propheten Joel, der von
Feuer und Rauchdampf gesprochen hatte (Apg 2,19; Joel 3,3). In
diesen Texten jedoch stellt das Feuer Gericht dar. Das Feuer am
Pfingsttage dagegen war eine gnädige Offenbarung Gottes.

Die feurigen Zungen verteilten sich und ruhten auf einem jeden
der Versammelten. Das Ruhen des Geistes auf einer Person ist ein
Zeichen göttlichen Wohlgefallens. Auch von Jesus wird gesagt,
dass der Geist auf ihm ruhte (Joh 1,32).

Weder Wind noch Feuer darf aber in prosaisch buchstäblicher
Weise verstanden werden, und Lukas fügt sorgfältig das Wörtchen
„wie" hinzu („wie Feuer"). Andererseits wollen solche Umstände
wie „Wind" und „Feuer" uns auch sagen, dass dieses nicht einfach
eine innere subjektive Erfahrung war, sondern eine einzigartige
Offenbarung Gottes. Der Geist des auferstandenen und erhöhten
Christus erfüllte die Nachfolger Jesu, und „sie sprachen mit anderen Zungen" (Apg 2,4).

C. Das Zungenreden

Verschiedene Zeitwörter werden für den Geistempfang benutzt.
Die Jünger sollten „angetan werden" (d.h. gekleidet) mit Kraft aus
der Höhe (Lk 24,49); sie sollten den Geist „empfangen" (Joh 7,39);
sie sollten mit dem Geist „getauft" werden (Apg 1,5); der Geist
sollte „auf sie kommen" (Apg 1,8). Petrus zitiert Joel, der vom

„Ausgießen" des Geistes sprach (Apg 2,17.33). Und als der Geist dann ausgegossen wurde, wurden sie alle „erfüllt" mit dem Geist (Apg 2,4). Hier wird das Erfülltwerden mit dem Geist mit der Taufe und dem Empfang des Geistes gleichgestellt.

Ausgießen, *taufen*, und *füllen* wollen nicht andeuten, dass es bei dem Heiligen Geist um eine Flüssigkeit geht, sondern diese Zeitwörter wollen unterstreichen, dass der Geist in seiner ganzen Fülle gegeben wurde. Jesus lud Menschen ein, zu ihm zu kommen und das Wasser zu trinken, welches er allein geben konnte. „Das sagte er aber von dem Geist, welchen empfangen sollten, die an ihn glaubten" (Joh 7,39).

Und als sie den Geist in seiner ganzen Fülle empfingen, fingen sie an, in anderen Zungen zu sprechen. In den vielen Weissagungen, die auf das Kommen des Geistes zielen, wird nirgends vom Zungenreden gesprochen. Wie schon gesagt, die Juden hatten eine Tradition, in welcher gelehrt wurde, dass Gott beim Sinai in verschiedenen Sprachen gesprochen hatte. Aber die Hundertzwanzig, die im oberen Gemach auf den Geist warteten, baten nicht um die Gabe, mit Zungen zu reden. Jedoch, das Wunder geschah: der Geist machte es den Jüngern möglich, in der Muttersprache der Besucher des jüdischen Pfingstfestes zu reden (Apg 2,8).

Nur dreimal wird in der Apostelgeschichte das Zungenreden erwähnt: in Jerusalem am Pfingsttage (2,6.8), im Hause des Kornelius (10,46) und in Ephesus bei den Johannesjüngern (19,6). Am Pfingsttage gab Gott den Aposteln die Gabe, mit Zungen das Evangelium zu verkündigen. Bei den andern zwei Gelegenheiten, wo vom Zungenreden gesprochen wird, wird das nicht gesagt; da wird vom Gott-preisen und vom Weissagen gesprochen. Das Zungenreden, welches Paulus in 1.Korinther 12-14 beschreibt, hat es auch nicht mit der Verkündigung des Evangeliums in anderen Sprachen zu tun, sondern mit Gebet und Lied.

Am Pfingsttage reden „alle" mit Zungen (Übrigens wissen wir nicht, wie weit sich dieses „alle" erstreckt...), in Korinth haben nicht alle die Gabe mit Zungen zu reden (1Kor 12,30). Am Pfingsttage wurden die Sprachgrenzen durchbrochen, aber in Korinth konnten andere den Zungenredner nicht verstehen. Die Apostel brauchten am Pfingsttage keinen Übersetzer, aber in Korinth sollte man eigentlich in der Öffentlichkeit nicht in Zungen reden, es sei denn, dass jemand das Geredete für andere übersetzte. Also war das Zungenreden am Pfingsttage einzigartig.

In jeder tiefgehenden geistlichen Bewegung gibt es immer wieder ganz einzigartige Erscheinungen. Daher sollte es uns auch nicht wundern, wenn Gott an dem Tag, als die christliche Gemeinde ins Leben gerufen wurde, sich in einzigartiger Weise offenbarte.

Weil nun das Zungenreden auch in nicht-christlichen Religionen zu finden ist, hat man versucht, das Pfingstwunder auch auf natürliche Weise zu erklären; es wird z.B. gesagt, dass das Zungenreden nur ein idiomatischer Ausdruck für das begeisterte, enthusiastische Reden ist. Aber solche Erklärung ist dem biblischen Bericht zuwider. Noch unglaublicher ist die Erklärung, dass Zungenreden bedeute, dass Menschen aus den verschiedenen Ländern des römischen Reiches die Apostel trotz ihres galiläischen Dialekts verstehen konnten. Jedenfalls hätten diese Besucher die Apostel verstehen können, wenn sie auf Griechisch gesprochen hätten, denn das war damals die Weltsprache. Trotzdem waren lokale Sprachen bekannt, und Gott wollte am Pfingsttage alle Sprachbarrieren durchbrechen. Menschen sollten wissen, dass Gott seinen Geist tatsächlich ausgegossen hatte.

Wenn man den Bericht des Lukas in Apostelgeschichte 2 mit dem Bericht über die Sprachenverwirrung beim Turmbau vergleicht (d.h. nach der Septuaginta – die griechische Übersetzung des AT), findet man manche sprachliche Parallele (siehe 1Mo 11). Auch will man wissen, dass 1Mo 11 einer der Abschnitte war, die gelegentlich am Pfingstfest in den jüdischen Synagogen vorgelesen wurden. Während 1Mo 11 das Gericht Gottes über den Größenwahn der Menschheit beschreibt, welches sich in der Sprachenverwirrung zeigte, spricht Apostelgeschichte 2 vom gnädigen Handeln Gottes an seinem Volk. Dort treibt die Vielzahl der verschiedenen Sprachen Menschen auseinander, – hier werden sie zu einem neuen Gottesvolk verschmolzen.

Dadurch, dass Gott am Pfingsttage die Botschaft des Heils in der Muttersprache der Besucher verkündigen ließ, wurde der Gemeinde auch ihr Weg für die Zukunft angedeutet: Sie muss allen Völkern in ihren verschiedenen Sprachen das Evangelium verkündigen: Missionare müssen Fremdsprachen erlernen; Bibeln müssen in tausende Sprachen übersetzt werden.

Immer wieder wird im Alten Testament die Gegenwart des Geistes durch das prophetische Reden offenbart, und so geschah es auch am Pfingsttage. „Eure Söhne und Töchter sollen weissagen", hatte Joel gesagt. Und am Pfingsttage verkündigen die Apostel „die großen Taten Gottes" (Apg 2,11) in der Kraft des Heiligen Geistes. Dieselben Jünger, die die Flucht ergriffen, als ihr Meister gefangen genommen wurde und die hinter verschlossenen Türen gesessen hatten aus Furcht vor den Juden, haben jetzt den Mut, öffentlich im Tempel (Jedenfalls hatten sie das obere Gemach verlassen und sind in den Tempel gegangen.) die Großtaten Gottes zu verkündigen.

Lukas gibt uns eine kurze Zusammenfassung der Predigt des leitenden Apostels, die des Petrus. Die Botschaft des Evangeliums schlug ein und Menschen fingen an zu fragen, was sie tun mußten, um das Heil in Christus zu erlangen. Petrus' Antwort lautete: „Tut Buße und lasse sich ein jeglicher taufen auf den Namen Jesu Christi zur Vergebung eurer Sünden, so werdet ihr empfangen die Gabe des Heiligen Geistes. (Apg 2,38).

1.3 Die Gabe des Heiligen Geistes

A. Bedingungen für den Empfang des Geistes

Buße und Taufe werden in Apostelgeschichte 2,38 als Vorbedingung für den Empfang des Geistes erwähnt. Nicht immer wird Buße erwähnt; manchmal heißt es einfach: „Glaube an den Herrn Jesus Christus" (Apg 16,31). Petrus ruft zur Buße auf, aber im selben Abschnitt wird von den „Gläubigen" gesprochen (2,44). Auch wird berichtet, dass die, welche sein Wort gerne aufnahmen, sich taufen ließen (2,41). Also soll man nicht bei allen Bekehrungsgeschichten immer nach demselben Vokabular suchen.

Dass Buße und Glaube Vorbedingungen für den Geistempfang sind, ist klar. Was einigen Bibellesern Schwierigkeiten mit Petrus' Einladung macht, ist die Tatsache, dass er die Taufe auch als Vorbedingung zur Vergebung der Sünden und den Empfang des Geistes macht. Wiedergeburt durch die Wassertaufe scheint uns nicht richtig zu sein. Aber vergessen wir nicht, dass in der Urgemeinde die Annahme des Evangeliums, Buße, Glaube, Vergebung der Sünden, Taufe und Geistempfang eine Erfahrung war, die am Anfang des christlichen Lebens stand. Lukas ist auch nicht gezwungen, eine bestimmte chronologische Reihenfolge in der Bekehrung zu Gott zu beachten.

Grammatisch darf man übrigens den Ausdruck „zur Vergebung der Sünden" (welcher in V. 38 auf Taufe folgt) auch so übersetzen: „*Auf Grund* der Vergebung der Sünden". (Parallelen, in welchen das Vorwort **eis** diesen Sinn bringt, sind Mt 10,41; 12,41). Andere lesen „zur" nicht im Sinn von *Zweck* (als ob Taufe zur Vergebung der Sünden führt), sondern als *Folge* der Buße und der Taufe. Aber solche etwas gezwungenen Übersetzungen sind nicht nötig, wenn man bedenkt, dass die neutestamentlichen Schreiber nicht immer dieselben Worte gebrauchten, wenn sie den Anfang des christlichen Lebens beschrieben. Und wenn hier gesagt wird, dass die Gabe des Geistes auf Buße und Taufe folgt, dann muss man an Apostelgeschichte 10,44-48 erinnern, wo der Empfang des Geistes der Taufe vorausging. Vielleicht könnten wir sagen, dass Buße über die Vergangenheit, Glaube an Jesus Christus und der Entschluß, sich taufen zu lassen, zum Empfang des Heiligen Geistes und dem Bewußtsein der Vergebung der Sünden führte.

Der Befehl, sich taufen zu lassen, schien den Hörern nicht etwas Neues zu sein. Nicht nur Heiden wurden getauft, wenn sie sich der Synagoge anschließen wollten, sondern Johannes hatte auch bußfertige Juden getauft. Die Gemeinde Jesu hat das Taufen mit Wasser weitergeführt, aber mit einigen Unterschieden: Die Neubekehrten wurden im Namen Jesu getauft. Im Namen Jesu zu taufen ist nichts anderes, als im Namen „des Vaters, des Sohnes und des Heiligen Geistes" zu taufen (Mt 28,19). Jesus sagte in seinem Missionsbefehl (Mt 28,19) ja nicht, dass man diese Worte sagen müßte, wenn man gläubige Menschen taufe; oder man hat ihn nicht so verstanden, als müßte man diese Worte bei der Taufe aussprechen. *Bietenhard* weist darauf hin, dass Taufe in dem Namen Jesu bedeute, dass der Täufling durch Gemeinschaft mit dem Sohn, der mit dem Vater eins ist, die Vergebung der Sünden erhält und unter den Einfluß des Heiligen Geistes kommt (siehe **onoma** in TWNT, V. 274). Dass man recht früh bei der Taufe die trinitarische Taufformel: „Im Namen des Vaters, des Sohnes und des Heiligen Geistes" brauchte, scheint recht gut bezeugt zu sein.

Ein wichtiger Unterschied zwischen der christlichen Taufe und der Johannestaufe ist die Tatsache, dass die christliche Taufe mit dem Empfang des Heiligen Geistes zusammenfällt. Bei Johannes lag die Taufe mit dem Geist noch in der Zukunft. Während Johannes die Wassertaufe, welche er pflegte, und die Geistestaufe, welche der Größere bringen würde, gegenüberstellt, darf man das bei der christlichen Taufe nicht tun. Die äußere Form der Taufe (mit

Wasser) wurde beibehalten, aber die Bedeutung der Wassertaufe wurde verschoben und vertieft.

Nun gilt es noch zu beachten, dass Petrus nicht nur den Besuchern am ersten christlichen Pfingstfest die Gabe des Geistes versprach, sondern auch ihren Kindern. „Denn euer und eurer Kinder ist diese Verheißung, aller, die ferne sind, so viele der Herr, unser Gott, herzurufen wird" (Apg 2,39).

B. Die Gabe des Geistes nach Pfingsten

Petrus kannte die Verheißung des Propheten Joel, nämlich, dass Gott in den letzten Tagen seinen Geist auf „alles Fleisch" ausgießen würde (Apg 2,17). Ob er in seinem Denken auch die Heiden als Kandidaten für den Empfang des Geistes einschloß, ist nicht sicher, denn Petrus mußte später zu wiederholtem Male sein Denken erweitern. Er hatte aber keine Zweifel darüber, dass Gott den Kindern, d.h. den Nachkommen der gläubigen Juden, die Gabe des Geistes verleihen würde.

Nebenbei bemerkt, man soll „die Gabe" des Geistes nicht mit „den Gaben" des Geistes verwechseln. Der Geist gibt den Gläubigen schon Gaben, aber nicht alle haben dieselben Gaben. Die Gabe des Geistes jedoch hat ein jedes Gotteskind. Ohne dieselbe könnte man sich eigentlich nicht als Christ bezeichnen.

Die Kinder, von denen Petrus spricht, sind die, welche zur nächsten Generation gehören. Sie müssen natürlich auch auf demselben Wege zur Heilserfahrung kommen, wie die Besucher des ersten Pfingsttages, nämlich durch Buße, Glauben und Taufe. Man darf sich aus dieser Verheißung aber nicht einen biblischen Grund für die Kindertaufe holen.

Aber die Gabe des Heiligen Geistes wird nicht nur jüdischen Nachkommen versprochen, sondern auch denen, „die ferne sind" (Apg 2,39). In der Sprache des Alten Testaments sind damit die Heiden gemeint (Jes 57,19). Petrus mag an Juden, die in der Diaspora wohnen, gedacht haben; sie waren „ferne" vom jüdischen Zentrum in Judäa, aber Lukas verstand darunter ohne Zweifel die Heiden, die das Evangelium hören und annehmen würden. Paulus erklärt den Ephesern, dass Jesus im Evangelium „den Frieden euch, die ihr ferne waret und Frieden denen, die nahe waren", verkündigt hatte (Eph 2,17). *Die Fernen* sind selbstverständlich die Heiden.

Eigentlich setzte Petrus in seiner Einladung, zu Christus zu kommen, überhaupt keine Grenzen; die Gabe des Geistes wird allen zuteil, „die der Herr unser Gott hinzurufen wird" (Apg 2,39). Gott ruft Menschen durch das Evangelium und die, welche seinen Ruf annehmen sind Berufene. Dass Gott Menschen ruft, soll unterstreichen, dass Gott bei der Rettung von Menschen die Initiative ergreift und dass unser Heil allein aus Gnade zu uns kommt. Jedenfalls hat Petrus die Worte des göttlichen Rufens Joel 3,5 entnommen, wo von dem Ausgießen des Geistes die Rede ist. Wie sich diese Worte praktisch erfüllen würden, hat Petrus am Pfingsttage wohl noch nicht sehen können, aber er erfuhr später, dass Gott den Unterschied zwischen Juden und Heiden aufgehoben hatte. Auf dem Jerusalemer Konzil erklärte er: „Und Gott, der die Herzen kennt, gab Zeugnis für sie, denn er gab ihnen den Heiligen Geist gleichwie auch uns" (Apg 15,8).

Das Pfingstwunder kann man nicht wiederholen. Es ist gleichsam der Geburtstag der Gemeinde. Die Gabe des Geistes jedoch, kann ein jeder empfangen, der sein Vertrauen auf Christus setzt.

2 DER GEIST KENNT KEINE GRENZEN

Die Gemeinde zu Jerusalem stand anfänglich bei ihren jüdischen Nachbarn in hohem Ansehen. Doch mit der Zeit erkannte man: Die Gemeinde war nicht einfach eine jüdische Sekte, derer es manche gab. Der Hohe Rat hatte schon versucht, die Evangelisation seitens der Apostel einzuschränken, aber immer mehr schlossen sich der Gemeinde an.

Schließlich kam es doch zu harten Verfolgungen. Hellenistische Juden, die das Evangelium angenommen hatten, wurden besonders hart verfolgt. Viele verließen Jerusalem und trugen die Frohe Botschaft von dem Heil in Christus in die umliegenden Gegenden. Darunter war auch Philippus – ein Mann, der sich schon in der Gemeinde durch seinen Dienst an den Armen ausgezeichnet hatte (Apg 6,1). Dieser Diener Gottes erkannte keine ethnischen Grenzen mehr an und predigte das Evangelium unter den Samaritern.

2.1 Die Samariter empfangen den Heiligen Geist

A. Die Bekehrung der Samariter

Samarien war seinerzeit die Hauptstadt des Nordreichs unter König Omri. Als Samarien im Jahre 722 v.Chr. von den Assyrern eingenommen wurde, brachten die Assyrer Umsiedler aus dem Osten ins Land Israel. Judäa wurde später von den Babyloniern eingenommen. Als die Juden die Erlaubnis bekamen, aus der Gefangenschaft zurückzukehren, entwickelte sich zwischen den Samaritern, die eigentlich ein Mischvolk waren, und den zurückgekehrten Juden eine tiefe Feindschaft.

Als Juda unter den hasmonischen Herrschern selbständig wurde, wurde Samarien in dieses neue jüdische Reich mit Gewalt eingegliedert, und der samaritische Tempel wurde zerstört. Unter den Römern war Samarien, Judäa und Idumäa eine Provinz; und somit unter der Herrschaft eines römischen Landpflegers. Diese politische Einheit hatte aber den tiefen Haß zwischen Juden und Samaritern nicht überwunden. Immer wieder kam es zum Zusammenstoß. Es war also gar nicht so selbstverständlich, dass Philippus in die Hauptstadt Samariens kam und Christus verkündigte (Apg 8,5).

Die Samariter waren für die Botschaft des Evangeliums offen (Apg 8,6) und nahmen es an; sie „glaubten den Predigten des Phi-

lippus" (Apg 8,12) und es war in der Stadt große Freude (Apg 8,8).
Die, welche gläubig geworden waren, ließen sich dann im Namen
Jesu taufen, Männer und auch Frauen (Apg 8,12). Philippus hatte
da geerntet, wo Jesus einst gesät hatte, und wo man ihn als Retter
der Welt ausgerufen hatte (Joh 4).

B. Die Gabe des Geistes

Als die Apostel, die, wie es scheint, noch nicht von Jerusalem
vertrieben worden waren, hörten, dass die Samariter Gottes Wort
angenommen hatten (Apg 8,14), so wie es Juden und Proselyten
am Pfingsttage getan hatten (2,41), sandten sie Petrus und Johannes nach Samarien. Der Bericht deutet nirgends an, dass sie Zweifel über die Echtheit der Bekehrung der Samariter hatten, oder
dass Philippus nicht das reine Evangelium verkündigt hatte. Aber
sie fühlten sich verantwortlich für die Ausbreitung des Evangeliums an andern Ortschaften.

Die Gläubigen in Jerusalem hatten womöglich Zweifel darüber,
ob die Heilsbotschaft auch den Samaritern galt und wollten jedenfalls durch den apostolischen Besuch Klarheit bekommen. Die
neuen Gläubigen in Samarien müssen durch diesen Besuch aus
Jerusalem die Zusicherung bekommen haben, dass sie in der
Gemeinde Jesu Christi willkommen waren.

Als Petrus und Johannes zu ihnen kamen, um ihnen die rechte
Hand der Gemeinschaft zu reichen, entdeckten sie, dass die neuen
Gläubigen noch nicht den Heiligen Geist empfangen hatten. Was
Petrus am Pfingsttage versprochen hatte, nämlich dass alle, die an
Christus gläubig würden, den Heiligen Geist empfangen würden,
war hier noch nicht geschehen. Sie hatten geglaubt; sie waren
getauft; aber die Gabe des Geistes war ihnen bis dahin vorenthalten worden. Die Apostel legten dann ihre Hände auf sie, beteten,
und auch sie empfingen die Gabe des Geistes (Apg 8,14-16).

Diese Erfahrung der Samariter war einzigartig, und Lukas gab
uns womöglich gerade deshalb diesen Bericht. Wie soll man aber
diese einzigartige Erfahrung erklären? Einige meinen, sie hatten
eigentlich „die Gabe" des Geistes empfangen, aber „die Gaben"
des Geistes fehlten hier und um diese haben die Apostel gebeten.
Aber der Text sagt ganz klar, dass sie den Heiligen Geist noch
nicht empfangen hatten (Apg 8,17).

Andere meinen sogar, dass die Samariter noch gar nicht so recht
bekehrt worden waren, denn Paulus sagt ja doch, dass die, welche

den Geist nicht haben, Christus nicht angehören (Röm 8,9).Der Text spricht jedoch von der Annahme des Wortes Gottes, vom Hinzuneigen, vom Glauben. Wir dürfen ihre Bekehrung also nicht anzweifeln. Und wenn dann noch gesagt wird, dass sie dem Philippus geglaubt hatten und nicht an Christus gläubig geworden waren, dann geht man über den Text hinaus. Petrus und Johannes hatten über ihren Glauben und über ihre Taufe nichts zu kritisieren. Es fehlte nur die Gabe des Geistes.

Heute wird in der charismatischen Bewegung gelehrt, dass man eigentlich zwei Erfahrungen machen muss, um das volle Heil in Christus zu erleben: Einmal die Bekehrung, bei welcher man den Heiligen Geist empfängt und dann die Taufe des Geistes, bei welcher man mit Geistesgaben (bez. das Reden mit Zungen) ausgerüstet wird. Aber der Text lässt sich nicht als Grundlage für solch eine doppelte Heilserfahrung gebrauchen.

Wir müssen also die Erklärung dieser einzigartigen Erfahrung auf einer anderen Linie suchen. Weil zwischen Juden und Samaritern so lange Feindschaft geherrscht hatte, enthielt Gott die Gabe des Geistes bei diesen neuen Gläubigen vor, bis die leitenden Apostel hinkamen und mit ihren eigenen Augen sehen durften, dass die Samariter den Geist Gottes empfingen. Durch die Handauflegung drückten die Apostel gleichsam ihre Solidarität mit diesen Gläubigen aus einem verachteten Volk aus. Und für die Samariter war es auch von großer Bedeutung, von den Jerusalem-Aposteln aufgenommen zu werden.

Hätte die samaritische Gemeinde mit Jerusalem keinen Kontakt gehabt, hätte es gleich zu Anfang einen Riß in der Gemeinde gegeben; wir hätten eine jüdische und eine samaritische Gemeinde gehabt. Jetzt aber wurden sie der Gemeinde Jesu Christi einverleibt.

Dieses war Pioniermission, und die Erfahrung der Samariter ist uns nicht als Beispiel gegeben, welches wir nachzuahmen haben. Die Erfahrung im Hause des Kornelius war ganz anders. Der Heilige Geist ist wie der Wind; er bläst wie er will; man kann ihm nicht vorschreiben, wie er zu handeln hat.

2.2 Heiden empfangen den Heiligen Geist

Durch eine einzigartige Offenbarung wurde der Apostel Petrus davon überzeugt, dass Gott auch die Heiden in seinem Heilsplan eingeschlossen hat. Zusammen mit einigen jüdischen Brüdern kommt er ins Haus des Kornelius, was sonst den Juden verboten war. Hier verkündet er das Evangelium von Jesus Christus, und der Heilige Geist fällt auf die, welche das Wort Gottes annahmen (Apg 10,44). Für Petrus und seinen jüdischen Gefährten war dieses fast unglaublich (Apg 10,45).

Woher wußten sie, dass der Heilige Geist auf die heidnischen Hörer gefallen war? Lukas berichtet, dass sie mit Zungen sprachen, aber es mögen noch andere Zeichen des neuen Lebens sichtbar gewesen sein. Nebenbei bemerkt, das Zungenreden hier und später in Ephesus bei den Johannesjüngern (Apg 19,6) scheint anderer Art gewesen zu sein als am Pfingsttage. Pfingsten sprachen die Apostel in anderen Sprachen, so dass die Besucher das Evangelium in ihren lokalen Dialekten hören konnten; von den Gläubigen im Hause des Kornelius und von den Johannesjüngern wird gesagt, dass sie Gott priesen oder weissagten.

Als Petrus später in Jerusalem über die Bekehrung der Heiden berichtete, zitierte er das Wort Jesu: „Johannes hat mit Wasser getauft, ihr aber sollt mit dem Heiligen Geist getauft werden" (Apg 11,16). Dieses Wort Jesu (1,5) bezog sich ursprünglich auf Pfingsten, aber es wäre nicht falsch, wenn man die Bekehrung der Samariter als samaritisches Pfingsten und die Bekehrung der Heiden als das Pfingsten der Heiden bezeichnete.

Nachdem der Heilige Geist den Gläubigen im Hause des Kornelius geschenkt worden war, wurden sie mit Wasser getauft. Von Buße, Glauben, oder Vergebung der Sünden wird nichts gesagt. Lukas braucht ja nicht immer alles zu sagen, wenn er über den Anfang des neuen Lebens berichtet. Später als Petrus seinen Besuch im Hause des Kornelius verteidigte, erklärte er, dass Gott den Heiden die Gabe des Geistes gegeben hatte, als sie gläubig wurden (Apg 11,17). Und die Jerusalemgemeinde erkennt dann, dass Gott den Heiden Buße gegeben hatte, die zum Leben führt (11,18). Auf dem Jerusalemer Konzil erwähnt Petrus auch noch, dass Gott die Herzen der Heiden durch den Glauben gereinigt hatte (Apg 15,9).

Was bei der Bekehrung dieser Heiden so anders war, als bei der Bekehrung der Samariter, war dieses: Bei den Samaritern folgt die Wassertaufe auf den Glauben, aber die Gabe des Geistes kommt erst später dazu; bei den Heiden im Hause des Kornelius fällt der Geist und dann werden sie mit Wasser getauft. Aus anderen Bekehrungsgeschichten scheint letzteres die gewöhnliche Reihenfolge in der christlichen Erfahrung gewesen zu sein. Was in Samarien geschah und was die Johannesjünger in Ephesus erlebten, war einmalig und einzigartig.

2.3 Johannesjünger in Ephesus empfangen den Geist

Als Paulus auf seiner dritten Missionsreise nach Ephesus kam, lernte er etwa zwölf Männer kennen, bei denen er einen Mangel in der christlichen Erfahrung bemerkte. Von wem sie das Evangelium gehört hatten, wissen wir nicht, aber diese gläubigen Männer wußten anscheinend nichts von Pfingsten.

Selbstverständlich kommt dann die Frage auf, ob diese Jünger überhaupt als Christen bezeichnet werden können. Das Wort „Jünger" wird immer wieder in der Apostelgeschichte für die Nachfolger Jesu gebraucht (Apg 16,1; 18,27). Als Paulus diese Männer traf, betrachtete er sie jedenfalls als Gotteskinder. Doch anhand der Frage, die er an sie richtet, können wir herauslesen, dass bei ihnen etwas fehlte. „Habt ihr den Heiligen Geist empfangen, als ihr gläubig wurdet?" (Apg 19,2) Aus ihrer Antwort merken wir, dass ihre christliche Erfahrung nicht vollständig war, sie wußten scheinbar nichts vom Heiligen Geist.

Als Jünger des Johannes müssen sie gewußt haben, dass der Täufer von der kommenden Taufe mit dem Geist gesprochen hatte. Auch müssen sie vom Alten Testament her vom Geist Gottes gewußt haben. Wenn sie zur Zeit des Täufers in Judäa wohnhaft gewesen waren, dann waren sie jedenfalls noch vor Pfingsten nach Ephesus umgesiedelt. Oder sie mögen in Ephesus zu Johannesjüngern geworden sein – vielleicht durch Apollos. Auf jeden Fall hatten sie den Heiligen Geist nicht empfangen und sind auch nicht im Namen Jesu getauft worden, sondern sie hatten die Johannestaufe angenommen. Also kann man sie kaum als wahrhaft gläubige Christen bezeichnen. Sie waren Johannesjünger, die das Evangelium gehört hatten, aber von der Gabe des Geistes nichts wußten.

Paulus führt sie dann weiter in Gottes Heilsgedanken ein. Er wies sie darauf hin, dass der Kommende, von dem Johannes der Täufer gesprochen hatte, nämlich Jesus, den Heilsplan Gottes ausgeführt hatte. Als sie das hörten, ließen sie sich im Namen Jesu taufen. Von anderen Johannesjüngern, die auf die Botschaft des

Täufers geachtet hatten und sich der messianischen Gemeinschaft durch die Wassertaufe angeschlossen hatten, wird nirgends erwähnt, dass sie sich nach Pfingsten umtaufen ließen. Jedenfalls wurde die empfangene Johannestaufe durch die Gabe des Geistes am Pfingsttage zur christlichen Taufe.

Also haben wir in Apostelgeschichte 19 etwas ganz Einzigartiges. Man darf diesen Fall nicht als Beispiel für eine zweite Erfahrung im christlichen Leben brauchen. Diese Brüder waren mit der Johannestaufe getauft worden. Das war noch nicht die christliche Taufe. Sie bedurften noch der Gabe des Geistes und der Taufe im Namen Jesu. Als sie im Namen Jesu getauft wurden und Paulus die Hände auf sie legte, empfingen sie auch den Heiligen Geist. Nur an zwei Stellen wird die Gabe des Geistes mit Handauflegen verbunden, hier und bei den Samaritern. Sonst wird nirgends im Neuen Testament gelehrt, dass Handauflegung notwendig ist für den Empfang des Geistes. Dass diese gewesenen Johannesjünger, die durch die Taufe im Namen Jesu und Geistempfang zu wahren Jüngern Jesu wurden, mit Zungen sprachen, spricht auch von der Einzigartigkeit dieser Begebenheit. *Hull* urteilt richtig, wenn er schreibt, dass die Handauflegung nur an diesen zwei Stellen erwähnt wird, weil diese zwei Fälle Ausnahmen waren (J.H.E.Hull, **The Holy Spirit in the Acts of the Apostles**, S.118).

Wir haben versucht in diesem Kapitel zu beschreiben, wie verschiedene Menschengruppen, die das Evangelium in der Nachpfingstzeit annahmen, den Heiligen Geist empfingen. In all diesen Fällen ging es um den Anfang des christlichen Lebens. Jetzt gilt es noch von dem Erfülltwerden mit dem Geist zu reden – etwas, das immer wieder im Leben der Gläubigen geschah und noch geschieht.

3 DIE FÜLLE DES GEISTES IM FRÜHCHRISTENTUM

Das neue Leben in Christus beginnt mit der Geistestaufe. Durch den Geist werden wir in den Leib Jesu Christi getauft. Dieses geschieht am Anfang des Glaubenslebens. Es ist eine einmalige Erfahrung. Die Erfüllung mit dem Heiligen Geist ist jedoch etwas, das immer wieder geschehen kann und soll. Die Taufe mit dem Geist braucht nicht wiederholt zu werden, aber die Erfüllung mit dem Geist sollte unser ständiges Anliegen sein.

In Neuen Testament hören wir von niemandem, der von sich behauptet, dass er oder sie voll des Geistes ist; das ist ein Zeugnis, welches von anderen gegeben werden muss. Es wäre ein Verstoß gegen die Lehre der christlichen Demut, wenn jemand große Behauptungen über seine eigene Geistesfülle machen sollte. Sollte uns jemand fragen: „Bist du mit dem Heiligen Geist getauft worden?" dann dürfen wir demütig bekennen: „Jawohl, sonst wäre ich ja nicht ein Kind Gottes." Sollten wir dagegen gefragt werden: „Bist du voll des Heiligen Geistes?", dann müßten wir demütig sagen: „Das Urteil überlasse ich anderen. Es ist immer wieder mein Gebet, dass Gott mich mit dem Geist Jesu Christi füllen möchte."

Um auf die Geistesfülle näher einzugehen, wäre es lehrreich, einmal alle Schriftstellen in der Apostelgeschichte, die von der Fülle des Geistes reden, aufzuspüren. Im voraus müßte darauf hingewiesen werden, dass das Erfülltwerden mit dem Geist Bildersprache ist. Wir sagen mitunter von anderen, dass er voll vom Sport, von der Politik, von Dummheiten ist. Damit meinen wir, dass jemand von solchen und ähnlichen Dingen gleichsam in den Bann geschlagen worden ist, dass er von gewissen Dingen beherrscht wird. So spricht auch die Geistesfülle davon, dass ein Gotteskind von dem Geist Jesu Christi beherrscht wird; es steht unter der Führung des Geistes, ist mit dem Geist erfüllt.

Wir haben in der Apostelgeschichte sieben Stellen, in denen Lukas von der Fülle des Geistes spricht. Ich gruppiere sie in vier Rubriken.

3.1 Fülle des Geistes und Zeugendienst

Zum erstem Mal wird das Erfülltwerden mit dem Heiligen Geist in Apostelgeschichte 2,4 erwähnt. Am Pfingsttag wurden „alle voll des Geistes und fingen an zu predigen in anderen Zungen, wie der Geist ihnen gab auszusprechen." Jesus hatte den Jüngern verheißen, dass sie in wenigen Tagen mit dem Geist getauft werden würden (Apg 1,5), und als der Geist dann ausgegossen wurde, heißt es, dass sie mit dem Geist erfüllt wurden. Es scheint fast so, als ob in diesem Fall diese zwei Ausdrücke gleichbedeutend sind. *John R. W. Stott* erklärt aber, dass die Erfüllung mit dem Geist eigentlich die Folge von der Taufe mit dem Geist war. Jesus taufte mit dem Geist, als er seinen Geist ausgoß; die Jünger Jesu wurden als Folge mit dem Geist erfüllt (J. R. W. Stott, **Baptism and Fullness**, S. 47).

Wie dem auch sei (und die anderen Stellen werden auch auf diese Stelle Licht werfen), die Fülle des Geistes wird hier mit Zeugendienst verbunden. Einige Wochen vorher saßen die Apostel hinter verschlossenen Türen aus Furcht vor den Juden, die ihren Herrn getötet hatten. Jetzt gehen sie furchtlos unter die Menschenmenge und verkündigen mit großer Freimütigkeit, dass Jesus auferstanden ist und allen Menschen die Vergebung anbietet. Derselbe Petrus, der seinen Herrn so schmählich aus Furcht verleugnet hatte, tritt jetzt mit Glaubensmut auf und legt Zeugnis von dem ab, was Gott in Christus getan hat. Jesus hatte ja versprochen, dass sie Kraft bekommen würden, wenn der Heilige Geist auf sie kommen würde, und dann würden sie seine Zeugen sein (Apg 1.8). Das bewahrheitete sich am Pfingsttag.

Eine andere Stelle, an welcher die Fülle des Geistes mit Zeugendienst verbunden wird, finden wir in Apostelgeschichte 9,17. Paulus ist auf dem Weg nach Damaskus, um die Gemeinden zu zerstören. Der erhöhte Herr aber trat ihm in den Weg, und er wurde an Jesus gläubig. Ananias bekommt dann den Auftrag, Paulus zu sagen, dass er sein Augenlicht wieder bekommen und mit dem Heiligen Geist erfüllt werden wird.

Und warum sollte er mit dem Geist erfüllt werden? Um seinen Zeugendienst in der Völkerwelt auszuführen. Ananias sagte ihm: „Du wirst für ihn vor allen Menschen Zeuge sein von dem, was du gesehen und gehört hast" (Apg 22,15). Einige Tage später setzte Paulus sich mit den Juden in den Synagogen in Damaskus auseinander und versuchte sie davon zu überzeugen, dass Jesus der Messias ist (Apg 9,20-22).

Zeugendienst nimmt verschiedene Formen an: neben Predigt und Lehrdienst, wäre das persönliche Zeugnis zu nennen, Dienste der Liebe und auch der christliche Wandel in der Welt. Gott gibt seinen Kindern verschiedene Gaben und verschiedene Gelegenheiten, um ihren Zeugendienst auszuführen. Durch die Fülle des Geistes ist es uns möglich, treue Zeugen Jesu Christi zu sein.

Dieser Zeugendienst muss manchmal unter Widerstand getan werden, und da bedarf es der Fülle des Geistes, um den Mut zu haben, für Jesus zu zeugen.

3.2 Fülle des Geistes und Zeugenmut

Als Petrus und Johannes vor den Hohen Rat gezogen wurden, nachdem sie den lahmen Mann geheilt hatten, heißt es, dass Petrus „voll des Heiligen Geistes" die Apostel verteidigte. Also dieselben Apostel, die am Pfingsttag mit dem Geist erfüllt wurden (Apg 2,4), werden hier wieder mit dem Geist erfüllt. Der Geist gab ihnen Mut, in einer sehr gefährlichen Lage mit großer Freimütigkeit Christus zu bekennen. Vor einigen Wochen hatte derselbe Rat ihren Herrn zum Tode verurteilt; jetzt bekannte Petrus vor seinen Feinden, dass in keinem anderen Heil ist als nur in dem Namen Jesu.

Als sie schließlich unter Drohungen freigelassen wurden, kamen sie zu den versammelten Gläubigen und berichteten, was sie erlebt hatten. Nachdem sie die ganze Lage dem Herrn im Gebet unterbreitet hatten, heißt es, dass sie des Heiligen Geistes voll wurden „und redeten das Wort Gottes mit Freimut" (Apg 4,31).

Hier sehen wir wieder die enge Verbindung zwischen Fülle des Geistes und Zeugendienst. Weil sie diesen Dienst aber angesichts großer Gefahr ausführten, könnte man auch sagen, dass der Geist ihnen den Mut gab, das Evangelium zu verkündigen. Lukas gebraucht hier ein Wort, das etwa zwölf mal in der Apostelgeschichte vorkommt (als Dingwort und auch als Zeitwort). Es ist das Wort **parrhesia**. Buchstäblich bedeutet es „Redefreiheit" – ein Vorrecht, das im alten Griechentum hoch geschätzt wurde. Im Freundeskreis bedeutete **parrhesia** Offenheit und Gelassenheit. Im Verhältnis zu Gott bedeutet **parrhesia** Vertrauen und Freudigkeit im Gebet. Aber in Gegenwart von Feinden hat dieses Wort den Sinn von Mut, Courage und Freimut.

In der Apostelgeschichte wird es immer in Verbindung mit dem Zeugendienst der Jünger Jesu gebraucht, welcher oft in gefährlichen Situationen getan werden mußte. Dieser Zeugenmut floß aus der Fülle des Geistes.

Ein anderes Beispiel dafür ist Stephanus, der an den Grundfesten des Judentums rüttelte. Man beschuldigte ihn wider das Gesetz und den Tempel geredet zu haben. Das war recht gefährlich. Aber Stephanus hatte den Mut, vor seinen Feinden die Offenbarung Gottes in Jesus Christus zu bezeugen. Zweimal heißt es von ihm, dass er voll des Geistes war. Einmal, als er zum Dienst an Tischen ernannt wurde (Apg 6,3.5) und das andere Mal, als er sich vor dem Hohen Rat verteidigte. „Er aber voll Heiligen Geistes sah auf gen Himmel und sah die Herrlichkeit Gottes und Jesus stehen zur Rechten Gottes" (Apg 7,55). Durch die Fülle des Geistes bekam er den Glaubensmut, seinen Herrn zu bezeugen, auch wenn es ihm sein Leben kostete. Der Geist gab ihm auch die Gnade, seinen Totschlägern ihre Missetat zu vergeben (7,59).

Auch Paulus wurde durch die Fülle des Geistes ermutigt, gegen die Macht des Bösen Stellung zu nehmen. Auf seiner ersten Missionsreise kam er zusammen mit Barnabas und Markus nach Paphos auf der Insel Zypern. Der Landvogt Sergius Paulus war für das Evangelium offen, aber der Zauberer Elymas widerstand Paulus und versuchte den Landvogt vom Glauben abzuhalten. Paulus „voll des Heiligen Geistes, sah ihn an" (Apg 13,9) und verurteilte den Zauberer, und er wurde mit Blindheit geschlagen. Paulus setzte sich dadurch in große Gefahr, denn dieser Zauberer hatte, wie es scheint, bei der Regierung Ansehen. Aber die Fülle des Geistes nahm ihm die Furcht weg, und er konnte der bösen Macht gegenüber treten.

3.3 Fülle des Geistes und demütiger Dienst

In der Gemeinde zu Jerusalem erhob sich ein Murren unter den hellenistischen Juden, weil ihre Witwen, wie sie meinten, in der täglichen Versorgung übersehen wurden. Die Apostel, in ihrer Weisheit, fanden einen Weg, solche Anklagen gegen die Hebraisten zu überwinden. Sie rieten der Gemeinde, sieben Männer zu wählen, „die einen guten Ruf haben und voll Heiligen Geistes und Weisheit sind" (Apg 6,3), die über die Versorgung der Witwen wachen könnten. Die Apostel konnten sich dann dem Wort und dem Gebet widmen.

Dass man mit dem Geist erfüllt sein muss, um für Christus ein Zeugnis abzulegen, das können wir schon verstehen; aber hier wird uns gesagt, dass es auch für den Dienst an Tischen notwendig ist, mit dem Geist erfüllt zu sein. Lukas sagt uns nicht, woran man bei diesen Männern die Geistesfülle erkannte, aber weil die Fülle des Geistes zusammen mit einem guten Ruf und mit Weisheit gebraucht wird, gibt Lukas uns doch einen Wink, woran man die Fülle des Geistes erkennen kann. Diese Männer hatten sich in der Gemeinde durch ihren christlichen Wandel und ihre Weisheit als Männer gezeigt, die voll des Geistes waren.

Also gilt es auch für die ganz prosaischen Dienste in der Gemeinde, mit dem Geist erfüllt zu sein. Das können wir auch schon aus dem Alten Testament herauslesen. Als die Stiftshütte gebaut werden sollte, füllte Gott den Bezalel mit seinem Geist, um den Bau der Hütte zu überwachen (2Mo 31,2-3). Unter den Gaben des Geistes, die Paulus in 1.Korinther 12 nennt, sind auch die „Helfer" und die „Regierer" (V. 28). Auch geringe unscheinbare Dienste im Reiche Gottes fordern nicht einfach nur natürliche Begabung, sondern auch die Fülle des Geistes.

3.4 Fülle des Geistes und christlicher Charakter

Zeugendienst und andere Dienste im Reiche Gottes müssen durch einen christlichen Lebenswandel getragen und glaubhaft gemacht werden. Aus dem Grunde ist es auch wichtig zu beachten, dass die Fülle des Geistes einige Male in der Apostelgeschichte mit der ethischen Seite des christlichen Lebens verbunden wird.

Wir haben eben gesehen, dass ein unbescholtener Wandel und die Fülle des Geistes zusammengepaart wurden (Apg 6,3). Auch wird uns von Barnabas gesagt, dass er ein guter Mann war, „voll Heiligen Geistes und Glaubens" (Apg 11,24). Barnabas ist uns bekannt als ein Mann, der sein Landgut verkaufte und den Erlös den Aposteln für die Armen in Jerusalem übergab. Er war also ausnahmsweise freigebig. Dann sehen wir, wie er Paulus in den Jerusalemkreis einführte, als die meisten Gläubigen noch vor ihm Angst hatten. Später kommt er, zusammen mit Paulus, mit Nothilfe von Antiochien nach Jerusalem. Als er in Antiochien diente, zog er aus nach Tarsus, um Paulus als Lehrer nach Antiochien zu bringen. Später begleitete er ihn auf der ersten Missionsreise. „Ein guter Mann, voll des Heiligen Geistes!" Er war nicht nur ein guter Mann, sondern er war auch voll des Glaubens. Ja, ohne Glauben kann man nicht Christ sein. Hier aber geht es nicht um den rettenden Glauben, hier wird auch nicht von der Glaubenslehre gesprochen. Lukas mag hier an die Gabe des Glaubens gedacht haben, von welcher Paulus in 1.Korinther 12 und 13 spricht, durch welchen Menschen „Berge versetzen" können (1Kor 13,2) – fast Unmögliches im Reiche Gottes leisten. „Fülle des Glaubens" steht hier neben „Fülle des Geistes", und das hat jedenfalls mit dem Glaubensleben des Barnabas zu tun. Er lebte in tiefer Abhängigkeit von Gott.

Auch von Stephanus wird gesagt, dass er „voll Glaubens und Heiligen Geistes" war (Apg 6,5). Hier werden wir auch an die Reife des Glaubens denken müssen. Sein Glaube, wie auch der des Barnabas, war geprüft worden; sie waren im Glauben stark geworden. Sie hatten gelernt, auch in dunklen Stunden Gott zu vertrauen.

Voll Heiligen Geistes und Glaubens zu sein, bedeutet aber nicht, dass diese Männer schon vollkommen waren. Paulus und Barnabas waren beide voll des Geistes und stießen aber bei einer Gelegenheit hart gegeneinander, als sie sich darüber stritten, ob Markus mit ihnen auf die zweite Missionsreise gehen sollte (Apg 15,39). Zwei tüchtige und gute Männer, voll des Geistes, konnten sich in dieser Frage nicht einigen. Jedoch aus den Briefen des Paulus merkt man, dass Paulus und Barnabas (und auch Markus) sich nicht feindlich gesinnt waren.

Fülle des Geistes wird also mit einem unbescholtenen Wandel verbunden und mit Glaubensreife. Auch steht neben der Geistesfülle die christliche Freude. Als Paulus und Barnabas im pisidischen Antiochien das Evangelium verkündigt hatten und die Juden sich feindlich stellten, heißt es von den Gläubigen, dass die Jünger „voll Freude und Heiligen Geistes waren" (Apg 13,52). Paulus schreibt an die Galater, dass eine Frucht des Geistes die Freude ist (Gal 5,22). Und in Römer 14,17 heißt es, dass Gottes Reich nicht Essen und Trinken ist, „sondern Gerechtigkeit und Friede und Freude in dem Heiligen Geist."

Zu beachten ist, dass an der einen Stelle in der Apostelgeschichte, wo die Fülle des Geistes mit Freude verbunden wird, die Freude im Rahmen von Leiden erwähnt wird. Bei Paulus finden wir dieses immer wieder. Von den Thessalonichern wird gesagt, dass sie das Wort aufgenommen hatten „unter vielen Trübsalen mit Freude im Heiligen Geist" (1 Thess 1,6).

In seinem Brief an die Philipper, in welchem die Freude immer wieder erwähnt wird, ist sie auch wiederholt mit Leid verbunden (z.B. Phil 2,17-18). Daraus können wir lernen, dass christliche Freude weniger mit wonnigen Gefühlen zu tun hat, die von den Umständen des Lebens bestimmt werden, sondern mit tiefem Vertrauen auf Gott, der uns trotz Trübsal und Leid in die ewige Herrlichkeit führt.

Eine Frage steigt unwillkürlich auf, wenn wir von der Fülle des Geistes sprechen: Wie können wir mit dem Geist erfüllt werden? Dass dieses nicht automatisch geschieht, können wir aus dem Befehl des Paulus an die Epheser herauslesen, wo er sie ermahnt und befiehlt, mit dem Geist erfüllt zu werden (Eph 5,18). Vor dem Hohen Rat erklärte Petrus, dass Gott den Heiligen Geist denen gibt, „die ihm gehorchen" (Apg 5,32). Jesus versprach denen den Heiligen Geist, „die ihn bitten" (Lk 11,13). Da, wo man aufrichtig versucht, ein Gott wohlgefälliges Leben zu führen, und wo man versucht, dem Herrn zu dienen, und wo man ständig bittet, dass Gott uns mit seinem Geist füllen möchte, können wir uns darauf verlassen, dass Gott uns diese Fülle geben wird. Es geht bei der Erfüllung mit dem Geist nicht um eine einmalige Erfahrung, sondern um eine lebenslange Einstellung um Offenheit für Gott und die Gabe des Geistes.

4 DIE GEGENWART DES GEISTES IN DER URGEMEINDE

Die Urgemeinde war sich der Gegenwart des Heiligen Geistes stark bewußt. Die Apostelgeschichte zeugt von der Wirkung des Geistes im täglichen Leben und in der Mission der Gläubigen im ersten Jahrhundert. In diesem Kapitel wollen wir noch einmal einen Gang durch die Apostelgeschichte machen und die Wirkung des Geistes auf drei Hauptgebieten des Gemeindelebens betrachten.

Zunächst wollen wir sehen, wie der Geist das Leben der Urgemeinde beflügelte. Dann gilt es zu beachten, wie es der Gemeinde möglich war, durch die Kraft des Geistes ihre Probleme zu lösen. Zuletzt muss auch noch die Gegenwart des Geistes in den Missionsbestrebungen der Urgemeinde betont werden.

4.1 Der Geist und das neue Gottesvolk

Auf die Frage nach dem Geburtstag der Urgemeinde wird verschieden geantwortet. Wenn die Einheit und Kontinuität des göttlichen Heilsplans betont werden soll, findet man den Anfang der Gemeinde schon bei Abraham, dem Vater aller Gläubigen. „Seid ihr aber Christi, so seid ihr ja Abrahams Kinder", schreibt Paulus an die Galater (3,29).

Gott hat jedoch seinen Heilsplan etappenweise ausgeführt und mit der Ausgießung des Heiligen Geistes am Pfingsttage wurde ein neues Gottesvolk geschaffen. Dieses hatte schon seine Wurzeln im alttestamentlichen wahren Israel. Auch könnte man den Anfang dieses neuen Gottesvolks in der Wahl der zwölf Apostel sehen, die gleich den zwölf Patriarchen des Alten Testament die Grundsteine für die Gemeinde Jesu Christi sein sollten. Aber weil die Gabe des Geistes das neue Gottesvolk kennzeichnet, tun wir am Besten, wenn wir den Geburtstag der Gemeinde im Pfingstwunder suchen.

Die Gemeinde Jesu Christi ist eine Gemeinschaft des Geistes. Das heißt, die Glieder der Gemeinde haben die Gabe des Geistes empfangen, und dieser Geist verbindet sie gleichsam zu einem Leibe. „Ein Leib und ein Geist" ist ein frühchristliches Bekenntnis (Eph 4,4). In Apostelgeschichte 2,41-47 beschreibt Lukas dieses neue Gottesvolk, diese „Gemeinschaft des Geistes". Was waren die Eigenschaften der frühchristlichen Gemeinde?

A. Eine Gemeinschaft der Gläubigen

„Alle aber, die gläubig geworden waren, waren beieinander" (Apg 2,44). Als Petrus am Pfingsttage die Großtaten Gottes verkündigte und den Besuchern aus den verschiedenen Provinzen des römischen Reiches erklärte, dass Gott durch die Auferstehung und Verherrlichung Jesu die Ausgießung des Geistes möglich gemacht hatte, nahmen Tausende das Wort an. „Die nun sein Wort annahmen" ist gleichbedeutend mit „gläubig werden".

Dreitausend Gläubige wurden durch die Geistestaufe Mitglieder am Leibe Jesu Christi. Dieses bezeugten sie öffentlich durch die Wassertaufe. Immer wieder nennt Lukas die Gemeinde einfach „die Gläubigen" (z.B. 4,32; 5,14). Das heißt, sie hatten ihr ganzes Vertrauen auf Christus und sein vollbrachtes Werk gesetzt.

Sie wußten nicht nur, an „wen" sie glaubten, sie mußten auch lernen, „was" sie glaubten. Alle, die gläubig geworden waren und sich hatten taufen lassen, „blieben aber beständig in der Apostel Lehre" (Apg 2,42). Die Apostel waren einige Jahre in Gemeinschaft mit Jesus gewesen; er hatte sie in Gottes Heilsgedanken eingeführt; die Lehre der Apostel war also für die Urgemeinde richtunggebend. Die Gemeinde wurde auf dem Grunde der Apostel und Propheten erbaut (Eph 2,20).

Auch für die Gemeinde Jesu Christi im 20sten Jahrhundert ist die Lehre der Apostel, wie wir sie heute in den Büchern des Neuen Testaments finden, ausschlaggebend. Jedoch war die apostolische Gemeinde nicht nur eine gläubige Gemeinschaft, sondern auch eine anbetende.

B. Eine anbetende Gemeinschaft

Die Urgemeinde versammelte sich zum Gebet (Apg 2,42). Auch die jüdischen Gebetszeiten wurden beachtet. Von Petrus und Johannes heißt es, dass sie um die neunte Stunde in den Tempel gingen, „da man pflegt zu beten" (Apg 3,1). Jesus hatte in seiner Bergpredigt das Privatgebet betont (Mt 6,6), aber das schloß ja nicht das gemeinschaftliche Beten aus. Die ersten Gläubigen wußten ja, dass sie aus eigener Kraft nichts anfangen konnten und pflegten daher das gemeinsame Gebet.

Sie kamen nicht nur zusammen zum Gebet, sondern auch zum Brotbrechen. Bei diesen gemeinsamen Mahlen gedachten sie an den Tod des Herrn. Das Herrenmahl war ursprünglich ein regelrechtes Mahl, bei dem der Tod des Herrn verkündigt wurde.

Gemeinschaft des Geistes äußerte sich im gemeinsamen Gebet und gemeinsamen Brotbrechen. Jedoch waren die Gläubigen nicht allein mit gottesdienstlichen Tätigkeiten beschäftigt; das neue Leben des Geistes drückte sich auch recht praktisch aus. Sie nahmen an der Not anderer teil.

C. Eine sorgende Gemeinde

In Jerusalem gab es schon immer recht viele Arme. Schon im Judentum gab es Hilfswerke, und das Geben von Almosen wurde von den Rabbinern stark empfohlen. Als die christliche Gemeinde sich vom Judentum absonderte, konnten die Armen in der Gemeinde kaum auf Hilfe von den jüdischen Behörden hoffen. Daher war es wichtig, dass die Urgemeinde sich der Armen annahm. Einige unter ihnen verkauften sogar Häuser und Äcker, um den Armen zu helfen. Diese Hilfsbereitschaft der Urgemeinde machte auf ihre Umwelt einen tiefen Eindruck (Apg 2,47).

Immer wieder berichtet Lukas, wie man sich im Frühchristentum der Armen annahm. Ehe die Gemeinde zu Antiochien Paulus und Barnabas in die Mission entsandte, sandten sie diese zwei Vertrauensmänner mit Nothilfen nach Jerusalem (Apg 11,30). Paulus versprach, sogar in seiner Missionstätigkeit der Armen zu gedenken (Gal 2,10). Eine Gemeinschaft des Geistes darf nicht in persönlicher Frömmigkeit aufgehen; sie muss Hand ans Werk legen und Menschen in ihrer Not helfen.

Wir können ja der Urgemeinde nicht alles buchstäblich nachmachen, aber durch die Wirkung des Geistes in der Urgemeinde können wir die Grundlinien sehen, die jede Gemeinde, die da bekennt, apostolisch zu sein, beachten muss. Eine Gemeinschaft des Geistes ist eine gläubig anbetende sorgende Gemeinschaft.

4.2 Der Geist und die Probleme der Urgemeinde

Die Gemeinde Jesu Christi, die am Pfingsttag ins Leben gerufen wurde, war noch nicht eine vollkommene Gemeinschaft. Mit dem Empfang der Gabe des Geistes wurden nicht sofort alle Probleme des Gemeindelebens überwunden. Der Geist gab der Gemeinde jedoch die Gnade, neue Probleme, die in ihrer Pionierzeit immer wieder emporstiegen, im Geiste Jesu Christi zu lösen.

Gleich nachdem Lukas das Leben der ersten Gläubigen, in welchem der Heilige Geist pulsierte, beschrieben hat, berichtet er über einen ganz schlimmen Fall, bei dem man den Heiligen Geist belog (Apg 5,3) und den Geist des Herrn versuchte (V. 9). Es ist die Geschichte von Ananias und Saphira.

A. Das Problem der Heuchelei

Apostelgeschichte 4 schließt mit dem Bericht über die Opferwilligkeit des Barnabas, der scheinbar sein ganzes Vermögen der Gemeinde übergab. Gleich darauf haben wir dann das traurige Bild von einem Paar, das unter keinem Zwang war, es dem Barnabas nachzumachen, aber wie es scheint, seine Freigebigkeit an den Pranger hängen wollte.

Wie Achan im Altern Testament (Jos 2,20), entwandten sie einen Teil ihres Vermögens, welches sie, wie es scheint, dem Herrn geweiht hatten. Dadurch „versuchten" sie den Geist des Herrn (Apg 5,9) und „belogen" den Heiligen Geist (V. 3).

Gegen solche Heuchelei mußte Stellung genommen werden. Solch eine Beleidigung des Heiligen Geistes durfte nicht ungestraft bleiben. Wo der Heilige Geist an der Arbeit ist, wird die Gemeinde sich immer wieder von ihren Sünden reinigen.

B. Das Problem der Uneinigkeit

Paulus ermahnt die Epheser die „Einigkeit im Geist" festzuhalten (Eph 4,3); das war auch das Anliegen der Urgemeinde. Eine Veranlassung zur Uneinigkeit war die Anklage der hellenistischen Gemeindeglieder, dass ihre Witwen in der täglichen Versorgung übersehen wurden (Apg 6,1). Um dieses Problem zu überwinden, befahlen die Apostel, dass man sich nach sieben Männern, die voll des Geistes waren, umschauen sollte, die über die Versorgung der Armen wachen sollten. Der Heilige Geist befähigte die Urgemeinde, einem Riß in der Gemeinschaft der Gläubigen vorzubeugen.

Eine viel größere Gefahr der Trennung entstand dadurch, dass viele Samariter an Christus gläubig wurden (Apg 8). Jedenfalls wurde diesen Gläubigen der Geist vorenthalten, bis Petrus und Johannes hinkamen und selber den Empfang des Geistes miterleben konnten. Auf diesem Wege wurden diese neuen Gotteskinder, die aus einem von den Juden verachteten Volk kamen, in die Gemeinde Jesu Christi einverleibt.

Als dann das Evangelium durch Petrus zu den Heiden kam und der Heilige Geist auf die gläubigen Zuhörer im Hause des Kornelius fiel, entstand wieder die Gefahr der Uneinigkeit in der Urgemeinde. Petrus mußte über diesen Besuch bei den Heiden in der Gemeinde zu Jerusalem Rechenschaft ablegen (Apg 11,1-18).

In seiner Erklärung betonte er, dass der Heilige Geist ihm befohlen hatte, zwischen Juden und Heiden keinen Unterschied zu machen (Apg 11,15). Und als der Heilige Geist auf die Gläubigen im Hause des Kornelius gekommen war, erinnerte er sich an Jesu Verheißung: „Johannes taufte mit Wasser, ihr aber werdet mit dem Heiligen Geist getauft werden" (11,16).

Die Frage der Einheit zwischen Juden- und Heidenchristen wurde schließlich auf einem Konzil in Jerusalem eingehend besprochen (Apg 15,1-29). Auf dieser Zusammenkunft erklärte Petrus, dass Gott den Heiden den Heiligen Geist gegeben hatte, genauso wie den Juden (15,8). Jakobus, mit Unterstützung von Paulus und Barnabas, erklärte bei der Gelegenheit, dass schon die alttestamentlichen Propheten die Bekehrung der Heiden im voraus gesehen hatten.

Um es praktisch möglich zu machen, dass Gläubige aus den Juden mit denen aus den Heiden harmonisch zusammenleben konnten, waren Heidenchristen willig, einige Dinge, die den Juden anstößig waren, zu beachten und Judenchristen waren bereit, die Beschneidung als Bedingung zur Gemeinschaft mit den Heiden fallen zu lassen. Zum Schluß konnte man sagen: „Es gefiel dem Heiligen Geist und auch uns" (Apg 15,28).

Durch die Gegenwart und Kraft des Heiligen Geistes war es der Urgemeinde möglich, gläubige Menschen aus den Samaritern und Heiden in ihr Herz und ihre Gemeinschaft aufzunehmen.

Ein drittes Problem der Urgemeinde war die Opposition vonseiten des Judentums. Aber auch angesichts feindlicher Angriffe auf das neue Gottesvolk gab der Heilige Geist Gnade zum Leiden und zur Ausdauer auch in Zeiten der Verfolgung.

C. Das Problem der Opposition

Als es erst klar wurde, dass das neue Gottesvolk, welches durch den Empfang des Geistes ins Leben gerufen wurde, nicht in den Rahmen des Judentums einzuengen war, erlitt es schwere Verfolgungen. Als Petrus und Johannes vor den Hohen Rat geschleppt wurden, heißt es, dass Petrus „voll des Heiligen Geistes" das Evangelium verteidigte (Apg 4,13). Als sie zum zweiten Mal vor dem Hohen Rat standen, erklärte Petrus, dass die Apostel „und der Heilige Geist" Zeugen des großen Heilsgeschehen in Christus waren (5,32). Sie waren sich dessen tief bewußt, dass der Heilige Geist durch sie von Christus Zeugnis ablegte.

Von Stephanus heißt es, dass der Hohe Rat, vor dem er sich verteidigen mußte, der Weisheit und dem Geist dieses ersten christlichen Märtyrers nicht widerstehen konnte (Apg 6,10). Der Hohe Rat, erklärte Stephanus, widerstrebte dem Heiligen Geist genauso, wie ihre Väter (7,51). Von ihm aber, sagt Lukas, dass er, im Kontrast zu seinen Feinden, „voll des Heiligen Geistes" war (7,55).

Die Urgemeinde hatte aber nicht nur von außen, sondern auch von innen Oppositionen. Immer wieder wollte sich das Böse einschleichen. Simon, der Zauberer, bot den Aposteln Geld an, wenn sie ihm die Vollmacht geben würden, durch Handauflegen anderen den Heiligen Geist zu geben. Aber Petrus verurteilte ihn scharf, denn die Gabe des Geistes, so erklärte er, konnte nicht durch Geld erlangt werden (Apg 8,20).

Ähnlich wie Petrus einem Zauberer widerstand, mußte Paulus es auch tun (Apg 13,4-12). Der Zauberer Elymas wollte den Landvogt Sergius Paulus vom Glauben abhalten. Voll des Heiligen Geistes nahm Paulus gegen ihn Stellung, und der Zauberer wurde mit Blindheit geschlagen.

Immer wieder hören wir von der Kraft des Heiligen Geistes, durch welche die Urgemeinde angesichts starker Angriffe von innen und außen standhaft bleiben konnte und im Geiste Jesu Christi ihre Leiden zu tragen vermochte.

4.3 Der Geist und die Mission der Urgemeinde

Der Herr Jesus hatte seinen Jüngern die Kraft des Heiligen Geistes versprochen (Apg 1,8). Kraft dieses Geistes sollten sie seine Zeugen sein, beginnend mit Jerusalem und bis ans Ende der Erde. Jesus hatte seine Mission auf Israel beschränkt, denn die Weltmission sollte mit der Ausgießung des Geistes beginnen. Die Apostel waren sich dessen tief bewußt, dass sie ohne die Gabe des Geistes ihre Mission nicht ausführen konnten.

A. Der Geist als Kraft in der Mission

In seinem ersten Band zitiert Lukas den Befehl Jesu an seine Jünger, in Jerusalem zu bleiben, bis sie mit der „Kraft aus der

Höhe" angetan würden. Diese Kraft aus der Höhe war die Gabe des Geistes (Lk 24,49). Die Zeugen Jesu sollten mit derselben Kraft angetan werden, mit welcher ihr Herr seine Mission auf Erden ausgeführt hatte. Petrus sagt von Jesus, dass er mit dem Heiligen Geist und Kraft gesalbt worden war (Apg 10,38), und durch diese Kraft hatte er wohlgetan, gesund gemacht und den Teufel überwältigt.

Wenn die „Kraft" des Heiligen Geistes erwähnt wird, muss man in Betracht ziehen, dass Gottes Kraft sich in Schwachheit offenbart (2Kor 12,9-10). Die ersten Zeugen hatten keine ökonomische oder politische Macht. Aber durch die Wirkung des Geistes in der Urgemeinde wurden sie befähigt, das Evangelium zu verkündigen.

B. Der Geist und Missionstätigkeit

Der Heilige Geist gab den Aposteln den Mut, auch trotz großer Oppositionen Christus als Retter der Welt zu bezeugen. Etwa dreizehnmal spricht Lukas in der Apostelgeschichte von den „Zeugen" oder dem „Zeugnis" der Urgemeinde.

Nicht immer hat das Wort „Zeugen" (**martys, martyreo, martyrion**) denselben Sinn, aber immer wieder heißt es, dass die Jünger Jesu von Christus und von seiner Auferstehung zeugten (Apg 2,32; 3,15; 13,31; 26,16). Mit der Zeit kann man vom „Zeugen" ohne Satzaussage sprechen, denn die Leser wissen, was gemeint ist (z.B. „So mußt du auch in Rom Zeuge sein" Apg 23,11). Mitunter braucht Lukas auch das Doppelwort **diamartyromai** (Apg 2,40; 8,25; 10,42; 18,5; 20,21.24; 28,23).

Das Wort **martys** bedeutete noch nicht „Märtyrer", aber mit der Zeit gewann es diesen zusätzlichen Sinn. Paulus bekennt, dass „als das Blut des Stephanus, deines Zeugen, vergossen ward", er daran Wohlgefallen hatte (Apg 22,20). Hier wird Blutvergießen und Zeugendienst gleichsam auf dieselbe Stufe gestellt.

Wir haben bereits darauf hingewiesen, dass die Fülle des Geistes immer wieder in der Apostelgeschichte mit Zeugendienst verbunden wird (Apg 2,4ff; 4,8; 5,32; 9,17). Auch waren die Apostel nicht die einzigen Zeugen im frühchristlichen Zeitalter; die Mission der Urgemeinde war zum großen Teil eine Laienbewegung. Als z.B. die Apostel nach ihrem Verhör vor dem Hohen Rat entlassen wurden und zu den Gläubigen kamen, heißt es, dass diese mit dem Heiligen Geist erfüllt wurden und das Wort mit Freimut verkündigten (Apg 4,31). Die verfolgten Gläubigen, die Jerusalem verließen und zerstreut waren, „zogen umher und predigten das Wort" (Apg 8,4). Einige gingen bis nach Phönizien und Zypern und Antiochien „und redeten das Wort" (Apg 11,19). Und in Antiochien verkündeten uns unbekannte Jünger Jesu „das Evangelium vom Herrn Jesus", und zwar auch unter den Heiden (Apg 11,20).

Der Heilige Geist gab dem Wort der Zeugen Jesu seine Kraft. Aber nicht nur im Wort, sondern auch durch Wundertaten wirkte der Heilige Geist in der Mission der Urgemeinde (Apg 2,43). Diese Wunder wurden im Namen Jesu getan, aber Lukas wußte, dass die Kraft, Zeichen und Wunder zu tun, von dem erhöhten Christus kam, der seinen Geist auf seine Zeugen ausgegossen hatte.

C. Der Geist und das Missionsprogramm

Jesus hatte den Aposteln sein Missionsprogramm recht breitspurig vorgelegt: von Jerusalem bis ans Ende der Erde (Apg 1,8). Das war ein breiter Rahmen, und innerhalb dieses Rahmens galt es jetzt, den Missionsbefehl auszuführen. Dass Besucher aus aller Herren Länder am Pfingsttag das Evangelium in ihren lokalen Dialekten hörten, war für die Urgemeinde auch ein Wink, dass das Evangelium allen Völkern verkündet werden sollte.

Nach dem Bericht des Lukas in der Apostelgeschichte leitete der Heilige Geist die Zeugen Jesu von einem Arbeitsfeld zum andern. Dem Philippus sagte der Heilige Geist: „Gehe hinzu und halte dich zu diesem Wagen" (Apg 8,29), und das Resultat war die Bekehrung und Taufe eines Beamten aus Äthiopien. Lukas erklärt nicht, wie der Heilige Geist zu Philippus sprach; jedenfalls war es eine innere Anregung, diesem Reisenden die Schrift zu erklären und ihn zum Glauben an Christus zu führen.

Während zu Anfang dieses Berichts der Engel des Herrn zu Philippus redete, spricht der Heilige Geist später zu ihm. Er spricht nicht nur, sondern der Geist rückt den Philippus schließlich auch weg (Apg 8,39), und der Kämmerer zog seine Straße fröhlich. Unwillkürlich muss man an den Propheten Elias denken, der auch immer wieder vom Geist weggerafft wurde (2 Kön 2,11).

Als Petrus auf dem Dache des Gerbers Simon betete, hatte er eine Vision, durch welche Gott ihn vorbereitete, zu den Heiden zu gehen. Als dann die Boten des Kornelius an der Tür standen, „sprach der Geist: Siehe, zwei Männer suchen dich, stehe auf, steig hinab und zieh mit ihnen und zweifle nicht; denn ich habe sie gesandt" (Apg 10,19-20). Als Petrus sich später über seine Mission unter den Heiden in Jerusalem verantworten mußte, erklärte er: „Der Geist aber sprach zu mir, ich sollte mit ihnen gehen und nicht zweifeln" (Apg 11,12).

Auf Schritt und Tritt leitete der Heilige Geist die Zeugen Jesu in der Ausführung des Missionsbefehls. So geschah es denn auch, dass die Gemeinde zu Antiochien, als sie dem Herrn diente und fastete, die Stimme des Heiligen Geistes hörte: „Sondert mir aus Barnabas und Saulus zu dem Werk, dazu ich sie berufen habe" (Apg 13,2). Wie der Heilige Geist der Gemeinde dieses sagte, wird wieder nicht erklärt, aber jedenfalls durch den Mund prophetisch begabter Personen. Und als Barnabas und Saulus zusammen mit Johannes und Markus auf die sogenannte erste Missionsreise loszogen, heißt es: „Als sie nun ausgesandt waren vom Heiligen Geist" (Apg 13,4). Zwischen der Aussendung von der Gemeinde (V. 3) und der Aussendung durch den Heiligen Geist wird hier kaum unterschieden.

In der Ausführung ihres Missionsprogramms öffnete der Heilige Geist immer wieder neue Türen, aber mitunter verschloß er sie auch. Wir wissen nicht, aus welchem Grund der Heilige Geist dem Paulus, Silas und Timotheus verbot, nach Asien zu ziehen, als sie in Ephesus das Evangelium verkündigen wollten (Apg 16,6). Und als sie dann versuchten, nach Bithynien zu reisen, erlaubte der Geist es nicht (V. 7). Im Rückblick können wir sehen, dass Gott seine Boten über Troas hin zum europäischen Festland führen wollte. Welche Bremsklötze der Heilige Geist den Aposteln in den Weg legte, um sie in ein neues Arbeitsfeld zu führen, bleibt ungesagt. Aber eines ist klar, trotz allem planmäßigen Vorgehen in der Mission, gilt es immer offen zu bleiben für die Winke und Anregungen des Geistes – Anregungen, die mitunter durch einsichtsvolle Personen in der Gemeinde kommen.

Auch werden die Missionare der Urgemeinde im persönlichen Leben vom Geist geleitet. Lukas berichtet, dass Paulus sich „im Geist" vorgenommen hatte, durch Mazedonien und Achaja zu ziehen, und nach Jerusalem zu reisen (Apg 19,21). Es handelte sich darum, die Geldgabe der Gemeinden an die Ältesten der Gemeinde in Jerusalem zu übermitteln.

Den Ältesten aus Ephesus erklärte Paulus, dass er „im Geist" gebunden war, nach Jerusalem zu reisen (Apg 20,22). Es ist schon so, dass hier nicht ausdrücklich vom Heiligen Geist die Rede ist, aber es geht hier um mehr als nur um den persönlichen Geist des Apostels. In derselben Rede an die Ältesten fügt Paulus noch hinzu, dass „der Heilige Geist in allen Städten mir bezeugt und spricht: Gefängnis und Trübsal warten mein" (Apg 20,23). In Tyrus wird er durch prophetisch begabte Personen „durch den Geist" gewarnt, nicht nach Jerusalem zu ziehen. Aber Paulus verstand diese Warnung nicht als Verbot und fühlte sich gedrungen, nach Jerusalem zu reisen. Nirgends haben wir eine Andeutung, dass er in diesem Fall einen Fehler gemacht hat.

Als Paulus nach Cäsaräa kam, erklärte ihm der Prophet Agabus, dass der Heilige Geist Paulus' Gefangenschaft vorausgesagt hatte (Apg 21,11). Als seine Freunde ihn von seiner Reise nach Jerusalem abhalten wollten, bat Paulus sie um Verständnis, und sie sprachen: „Der Wille des Herrn geschehe!" (Apg 21,14).

Der Heilige Geist leitete nicht nur die Gemeinde in ihrem Missionsbestreben, sondern auch den einzelnen Zeugen Jesu Christi. Wenn man die Apostelgeschichte liest, kann man sich des tiefen Eindrucks nicht erwehren, dass das Missionsprogramm der Urgemeinde vom Heiligen Geist getragen wird.

DER HEILIGE GEIST
IM LEBEN DER GLÄUBIGEN

1 DER GEIST UND DIE GRUNDLAGEN DES NEUEN LEBENS IN CHRISTUS

In dem brieflichen Teil des Neuen Testaments spricht niemand so oft vom Heiligen Geist wie der Apostel Paulus. Das Wort **pneuma** (Geist) kommt bei ihm etwa 146-mal vor, und in den meisten Fällen ist der Heilige Geist gemeint. (Hier und da ist auch vom menschlichen oder sogar vom bösen Geist die Rede.)

Unter dem Einfluß von Martin Luther, der die Lehre von der Rechtfertigung durch den Glauben in den Mittelpunkt der neutestamentlichen Theologie schob, wurde die Lehre vom Heiligen Geist in der Nachreformationszeit vernachlässigt. Heute jedoch wird immer wieder darauf hingewiesen, dass die Lehre vom Heiligen Geist eine Grundlehre des Apostels ist. Damit soll aber nicht gesagt werden, dass andere Briefschreiber des Neuen Testaments zu der Lehre vom Heiligen Geist nichts zu sagen haben. Petrus, Johannes und der Schreiber an die Hebräer wissen auch von dieser Lehre.

Wir haben versucht, im ersten Teil dieses Buches unser Augenmerk auf die Schriften des Neuen Testaments zu werfen, die es mit der Zeit vor Pfingsten zu tun hatten (wenn sie auch nach Pfingsten geschrieben wurden). Im zweiten Teil stand die Apostelgeschichte im Mittelpunkt. Und jetzt im dritten Teil wollen wir uns hauptsächlich auf die Briefe konzentrieren.

Unser erstes Thema in diesem Teil spricht von den Anfängen, den Grundlagen des neuen Lebens in Christus.

1.1 Der Geist und die Offenbarung

Hätte Gott sich nicht uns gefallenen und verdunkelten Menschen offenbart, wären wir verloren. Aber in seiner großen Weisheit und Gnade hat er uns das Evangelium von seinen Heilsplänen wissen lassen. Durch die Apostel hat Gott uns die Frohe Botschaft von unserer Rettung durch Christus kundgetan. Petrus schreibt: „Denn es ist noch nie eine Weissagung aus menschlichem Willen hervorgebracht, sondern vom Heiligen Geist getrieben haben Menschen im Namen Gottes geredet" (2Petr 1,21).

Gleich einem Segelschiff, das vom Wind getragen wird, so wurden die Apostel in ihrem prophetischen Dienst vom Heiligen Geist getragen. Die Inspiration des Geistes löschte ihre Persönlichkeit aber nicht aus, sondern leitete sie in ihrem Denken in solcher Weise, dass wir heute in den Schriften des Neuen Testaments eine zuverlässige Offenbarung Gottes haben. (Das Alte Testament ist nicht weniger eine Offenbarung Gottes, aber in Jesus Christus hat er seiner Offenbarung durch Propheten und Apostel die Krone aufgesetzt. Paulus schreibt an die Epheser, dass Gott ihm Dinge offenbart hatte, welche „in den vorigen Zeiten nicht kundgetan waren,... wie es jetzt offenbart ist seinen heiligen Aposteln und Propheten durch den Geist" (Eph 3,5).)

Paulus bekennt, dass „alle Schrift, von Gott eingegeben, ist nütze zur Lehre, zur Aufdeckung der Schuld, zur Besserung, zur Erziehung in der Gerechtigkeit" (2 Tim 3,16). Das Wort „eingegeben" (**theopneustos**) spricht von der Inspiration des Heiligen Geistes. „Alle Schrift" bezieht sich jedenfalls hauptsächlich auf das Alte Testament, denn das Neue war noch im Werden, als Paulus schrieb. Jedoch, als die Apostel ihre Briefe schrieben, waren sie sich dessen bewußt, dass sie Träger der göttlichen Offenbarung waren.

In der ersten Generation nach Pfingsten wurde das Evangelium mündlich verbreitet. Mit der Zeit aber wurden die Schriften der Apostel gesammelt, und heute haben wir die Offenbarung Gottes in seinem Sohn, Jesus Christus, auf den Blättern des Neuen Testaments. Und wenn wir von den Grundlagen des neuen Lebens in Christus reden wollen, müssen wir mit den Schriften der Apostel anfangen. Diese Schriften wurden vom Heiligen Geist inspiriert, und sie zeugen von Gottes Offenbarung in Jesus Christus. Nun genügt es aber nicht, dieses geschriebene Wort zu kennen; wenn wir zu einem neuen Leben in Christus kommen wollen, muss Gott uns durch seinen Geist erleuchten, damit wir seine Offenbarung in den Blättern des Neuen Testaments begreifen können.

1.2 Der Geist und die Erleuchtung

Aus den Schriften des Neuen Testaments geht klar hervor, dass der Mensch, wenn er sich selbst überlassen ist, in seinem Denken verdunkelt bleibt. „Ihr Verstand ist verfinstert und sie sind fremd geworden dem Leben, das aus Gott ist, durch die Unwissenheit, die in ihnen ist, durch die Verstockung ihres Herzens" (Eph 4,18). Diese Verfinsterung im Denken ist dem Satan zuzuschreiben.

„Den Ungläubigen", schreibt Paulus, hat der „Gott dieser Welt den Sinn verblendet, dass sie nicht sehen das helle Licht des Evangeliums" (2Kor 4,4).

Aber Gott, in seiner Gnade, kann auch unser verfinstertes Denken durch den Heiligen Geist erleuchten, er kann einen hellen Schein in unsere Herzen geben (2Kor 4,6). Dieses wird ganz besonders in 1.Korinther 2 betont. Die verborgene Weisheit Gottes, offenbart durch seine Heilstaten, ist uns verständlich gemacht worden durch den Geist. „Denn der Geist erforscht alle Dinge, auch die Tiefen der Gottheit" (1Kor 2,10). Die Tiefen Gottes sind seine Heilsgedanken, welche der Heilige Geist erforscht und uns zum Bewußtsein bringt.

Als Illustration braucht Paulus das Bild vom menschlichen Geist: „Denn welcher Mensch weiß, was im Menschen ist, als allein der Geist des Menschen, der in ihm ist? So weiß auch niemand, was in Gott ist, als allein der Geist Gottes" (V. 11). Durch den Geist, welchen wir von Gott haben, können wir „wissen, was uns von Gott geschenkt ist" (V. 12). Ohne die Hilfe des Geistes können wir das uns angebotene Heil in Christus nicht erfassen.

Auch können wir eigentlich nicht so recht davon reden, wenn der Geist uns nicht hilft. „Und davon reden wir auch, nicht mit Worten, welche menschliche Weisheit lehren kann, sondern mit Worten, die der Geist lehrt und deuten geistliche Sachen für geistliche Menschen" (V. 13).

Der natürliche Mensch, d.h. der ungläubige, „vernimmt nichts vom Geist Gottes; es ist ihm eine Torheit und er kann es nicht erkennen, denn es muss geistlich verstanden sein" (V. 14). Also, wenn wir begreifen wollen, was Gott in Christus für uns getan hat, sind wir ganz von der Erleuchtung des Heiligen Geistes abhängig.

Der Heilige Geist erleuchtet nicht nur ungläubige Menschen, damit sie das Evangelium begreifen können, sondern er gibt auch den Gläubigen immer wieder neue Einblicke in den Ratschluß Gottes. Paulus betet, dass „der Gott unseres Herrn Jesus Christus, der Vater der Herrlichkeit, euch gebe den Geist der Weisheit und der Offenbarung, ihn zu erkennen" (Eph 1,17). Den Geist der Weisheit und Offenbarung zu haben, wird mit „erleuchteten Augen des Herzens" gleichgestellt (V. 18). Die Gläubigen sollen tiefere Einblicke gewinnen über ihre Hoffnung, über ihren Reichtum in Christus und über die Kraft, die Gott offenbarte, als er ihn von den Toten auferweckte (V. 18-20).

Ähnliches wünscht Paulus den Kolossern, nämlich, dass sie erfüllt würden „mit Erkenntnis seines Willens in aller geistlichen Weisheit und Einsicht" (Kol 1,9). Um Gottes Willen im täglichen Leben zu erkennen, bedarf es der Erleuchtung durch den Geist.

1.3 Der Geist und die Verkündigung des Evangeliums

Gotteskinder, die durch den Heiligen Geist erleuchtet worden sind, möchten die Botschaft von der Rettung durch Christus anderen mitteilen. Dieses können sie auf den verschiedensten Wegen tun, aber in jedem Fall sind sie von der Hilfe des Heiligen Geistes abhängig; Zeugendienst ist „Dienst des Geistes" (2Kor 3,8).

Paulus erinnert die Thessalonicher an den Anfang ihres Glaubenslebens, als er ihnen das Evangelium verkündigte. Dieses Evangelium kam zu ihnen „in der Kraft und im Heiligen Geist und in großer Gewißheit" (1Thess 1,5). „Kraft und „Geist" stehen immer wieder nebeneinander als Wortpaar, denn der Geist gibt dem verkündigten Evangelium seine Gotteskraft. Und wenn Menschen die Frohe Botschaft annehmen, wirkt der Geist in ihnen die Gewißheit, dass sie Gottes Kinder sind. Trotz Verfolgung hatten die Thessalonicher das Wort aufgenommen „mit Freuden im Heiligen Geist" (V. 6).

Paulus erinnert sich auch an den Anfang der Gemeinde zu Korinth. Er war mit einem Gefühl der Schwachheit in Korinth eingekehrt (1Kor 2,3). In sich trug er das tiefe Bewußtsein, dass Worte menschlicher Weisheit den Korinthern nicht die Rettung bringen konnten, sondern die Botschaft von Christus, dem Gekreuzigten (V. 1-2). Daher verließ er sich auch ganz auf den Heiligen Geist, auf die „Erweisung des Geistes und der Kraft" (V. 4). Wieder stehen Geist und Kraft nebeneinander.

Der Apostel wollte ja Menschen nicht einfach überreden, zu einer neuen Religion überzugehen, ihm ging es nicht um einen Glauben, der auf Menschenweisheit aufgebaut ist, sondern er verließ sich auf den Heiligen Geist, bei seinen Hörern das neue Leben in Christus zu wirken.

Die Galater fragt er, wie sie den Geist empfangen hatten. War es durch Gesetzes Werke oder durch „das gläubige Hören"? (Gal 3,2) Es war selbstverständlich durch das gläubige Anhören und Annehmen des Evangeliums. Das Evangelium ist „das Schwert des Geistes" (Eph 6,17), – ein Schwert, welches der Heilige Geist den Gläubigen gleichsam in die Hand legt, nicht um Menschen damit zu schlagen, sondern „das Evangelium des Friedens" zu verbreiten. Gottes Wort ist schärfer als ein zweischneidiges Schwert (Heb 4,12). Durch den Geist spricht Gott in der Verkündigung des Evangeliums das Gewissen an; er erleuchtet den Verstand, er schafft neues Leben im Herzen der gläubigen Hörer. Von den Boten der Urgemeinde sagt Petrus, dass sie das Evangelium „durch den Heiligen Geist" verkündigt hatten (1Petr 1,12).

Jeder Bote des Evangeliums, jeder Zeuge Jesu Christi muss sich ständig daran erinnern, dass alles Bemühen, andere für Christus zu gewinnen, von der Wirkung des Heiligen Geistes abhängt.

Gott hat sich durch seinen Geist in seinem Wort offenbart, dieses Wort von unserer Rettung verstehen wir, wenn Gott unseren Verstand erleuchtet.

Dieses Evangelium soll jetzt in der Kraft des Heiligen Geistes weitergegeben werden.

2 DER GEIST UND DAS NEUE LEBEN IN CHRISTUS

Wenn Menschen das Evangelium hören und sie vom Geist erleuchtet werden, so dass sie Gottes Botschaft im Glauben ergreifen, werden sie durch den Geist von neuem geboren. Sie erhalten die Gabe des Heiligen Geistes. Das neue Leben in Christus ist ein Leben „im Geist" (Röm 8,9).

2.1 Der Geist und der Glaube

Das neue Leben in Christus beginnt mit dem Empfang des Heiligen Geistes: „Wer Christi Geist nicht hat, der ist nicht sein" (Röm 8,9). Diesen Geist empfangen wir durch den Glauben. Andererseits wirkt der Heilige Geist in uns den Glauben, so dass wir unser Vertrauen auf Christus setzen können.

Von der göttlichen Perspektive aus gesehen wirkt der Geist Gottes in uns den Glauben; von der menschlichen Sicht gesehen erhalten wir den Geist, wenn wir die Hand des Glaubens ausstrecken. Oder, um es anders auszudrücken, wenn von der menschlichen Verantwortlichkeit die Rede ist, dann beginnt das neue Leben mit dem Glauben an Christus. Jedoch, wenn wir von der göttlichen Initiative aus gehen, dann müssen wir bekennen, dass wir ohne die Wirkung des Geistes in unserem Herzen nicht zum Glauben kommen können.

In Galater 3,2, wie wir es schon gesehen haben, wird der Empfang des Geistes von dem gläubigen Hören des Wortes Gottes abhängig gemacht. Glaube an Christus und Empfang des Geistes kann man chronologisch nicht trennen. Geistliche Erfahrungen können nicht so präzise gegliedert werden, sie gehen Hand in Hand. Eines aber ist klar: durch Gesetzes Werke kann man sich den Geist nicht verdienen. „ Der euch aber den Geist darreicht,... tut er's durch des Gesetzes Werke oder durch die Predigt vom Glauben?" (Gal 3,5) Die Antwort ist selbstverständlich.

Die Gläubigen werden Abrahams Kinder genannt. Der Segen Abrahams ist auch auf die Heiden gekommen, denn sie haben durch den Glauben den verheißenen Geist empfangen (Gal 3,14). Einerseits besteht der Segen Abrahams darin, dass wir, wie er, durch den Glauben gerechtfertigt werden (Gal 3,8ff); andererseits besteht der Segen Abrahams darin, dass wir den Heiligen Geist durch den Glauben empfangen.

Wenn wir unser Vertrauen auf Christus setzten, werden wir durch den Geist geheiligt, d.h. Gott geweiht. Und wie ist dieses möglich? Paulus spricht von der Heiligung durch den Geist und dem Glauben an die Wahrheit" (2Thess 2,13). Die Wahrheit ist das Wort Gottes im Evangelium. Die Heiligung, die durch den Geist geschieht, erleben wir, wenn wir der Wahrheit Glauben schenken. Also wieder gehen Geist und Glaube Hand in Hand.

Paulus nennt den Heiligen Geist Gottes Siegel, sein Stempel, durch welchen wir als sein Eigentum gezeichnet worden sind: „In ihm seid auch ihr, die ihr gehört habt das Wort der Wahrheit, nämlich das Evangelium von eurer Seligkeit, – in ihm seid ihr, da ihr gläubig wurdet, versiegelt worden mit dem Heiligen Geist, der verheißen ist" (Eph 1,13). Wiederum ist der Empfang des Geistes mit dem gläubigen Hören des Evangeliums verbunden.

2.2 Der Geist und das Leben

Wenn Menschen dem Evangelium gehorsam sind, schafft der Heilige Geist in ihnen etwas Neues. Durch den Geist kommen wir zum Leben in Christus (Gal 5,25). Diese enge Verbindung zwischen Geist und Leben wird besonders in Römer 8 unterstrichen. Einige meinen sogar, Geist und Leben sind mitunter austauschbar.

Das Kapitel beginnt mit der freudigen Zusicherung: „Das Gesetz des Geistes, der da lebendig macht in Christus Jesus, hat mich frei gemacht von dem Gesetz der Sünde und des Todes" (V. 2). Durch die Gabe des Geistes wird die Herrschaft der Sünde im Leben der Gläubigen beendet. Der Geist gibt ihnen eine geistliche Gesinnung. „Fleischlich gesinnt sein ist der Tod und geistlich gesinnt sein ist Leben und Frieden" (V. 6).

Dieses neue Leben in Christus genießen Gotteskinder aber nur als Vorgeschmack; der Leib soll auch noch erlöst werden, und dieses geschieht auch durch den Geist. „Wenn aber Christus in euch ist, so ist der Leib zwar tot um der Sünde willen, der Geist aber ist Leben um der Gerechtigkeit willen. Wenn nun der Geist dessen, der Jesus von den Toten auferweckt hat, in euch wohnt, so wird derselbe, der Jesus Christus von den Toten auferweckt hat, auch eure sterblichen Leiber lebendig machen durch seinen Geist, der in euch wohnt" (V. 10-11).

Nicht nur am Anfang des christlichen Lebens ist der Geist

tätig; auch nicht allein am Ende dieses Zeitalters, wenn der Geist unsere sterblichen Leiber lebendig machen wird. Sondern auch im täglichen Glaubensleben hilft uns der Geist, das Fleisch zu überwinden und für Gott zu leben. Paulus warnt: „Denn wenn ihr nach dem Fleisch lebt, so werdet ihr sterben müssen; wenn ihr aber durch den Geist des Fleisches Geschäfte tötet, so werdet ihr leben" (Röm 8,13).

Die Wiedergeburt geschieht durch die Erneuerung, welche der Heilige Geist in uns wirkt und dadurch werden wir Erben des ewigen Lebens (Tit 3,5-6). Immer wieder werden Geist und Leben verbunden.

2.3 Der Geist und die Heilsgewißheit

Der Heilige Geist wirkt nicht nur das neue Leben im Herzen der Gläubigen, sondern er gibt ihnen auch die Gewißheit, dass sie Gott angehören. Wir bekommen den Geist der Kindschaft und brauchen uns deshalb auch nicht vor Gott zu fürchten, sondern können freudig „Abba, lieber Vater" rufen (Röm 8,15). Ähnlich drückt Paulus dieses in Galater 4,6 aus: „Weil ihr denn Kinder seid, hat Gott gesandt den Geist seines Sohnes in unsere Herzen, der schreit: „Abba, lieber Vater." Wir wissen, dass wir Gottes Kinder sind, weil sein Geist uns treibt (Röm 8,16). „Der Geist selbst gibt Zeugnis unserm Geist, dass wir Gottes Kinder sind" (Röm 8,16).

Der Apostel Johannes hat mehr als andere Schreiber über die Gewißheit der Gotteskindschaft zu sagen. Aber nur an einigen Stellen schreibt er diese Heilsgewißheit dem Heiligen Geist zu. „Daran erkennen wir," so schreibt er, „dass er (d.h. Gott) in uns bleibt, an dem Geist, den er uns gegeben hat" (1Joh 3,24).

Johannes erklärt nicht, wie der Geist uns diese Zusicherung gibt. Jedenfalls versichert uns der Heilige Geist, dass Gott uns liebt, „ denn die Liebe Gottes ist ausgegossen in unser Herz durch den Heiligen Geist, welcher uns gegeben ist" (Röm 5,5). Die Freimütigkeit, mit welcher wir im Gebet zu Gott kommen können, ist auch eine Zusicherung, dass wir seine Kinder sind. Auch in den Gaben, die der Geist uns schenkt und in der Frucht des Geistes, die er in uns wirkt, erkennen wir, dass Gott uns seinen Geist gegeben hat und dass wir ihm angehören.

2.4 Der Geist und die Feiheit

Durch den Sündenfall ist der Mensch zum Knecht der Sünde geworden. Das Evangelium bietet uns die Rettung aus dieser Sklaverei an: „Gott aber sei gedankt, dass ihr Knechte der Sünde gewesen seid, aber nun gehorsam geworden von Herzen dem Bild der Lehre, welchem ihr ergeben seid" (Röm 6,17). Die Sprache von der Befreiung aus der Macht der Sünde erinnert an die Rettung Israels aus der Sklaverei in Ägypten: „Zur Freiheit hat uns Christus befreit" (Gal 5,1).

Nicht nur von der Macht der Sünde, sondern auch vom Gesetz und schließlich auch vom Tod macht Christus uns frei. Und wie können wir diese Freiheit erleben? Durch den Heiligen Geist, „denn wo der Geist des Herrn ist, da ist Freiheit" (2Kor 3,17). Ähnlich wie *Geist & Glaube* und *Geist & Leben* nebeneinander stehen, so ist auch *Geist & Freiheit* aufs Engste verbunden.

Wenn die Apostel von der christlichen Freiheit sprechen, meinen sie nicht, dass ein jedes Gottes Kind jetzt frei ist zu tun, was es will. Das wäre ja wieder eine Versklavung an das sündliche Ego und an das Fleisch. Im Gegenteil, der Geist macht uns frei von der Sünde und gibt uns die Kraft, für Gott zu leben und seinen Willen zu tun.

A. Freiheit von der Sünde

Kein Apostel sagt so viel über die Macht der Sünde wie Paulus. Das Dingwort „Sünde" (**hamartia**) allein kommt etwa achtzigmal vor, ohne von dem Zeitwort und anderen Formen dieses Grundworts zu reden. Im alten Griechentum war das Wort „Sünde" nicht ein so schwerwiegendes Wort wie es in der Bibel ist. Irgendeine Verfehlung hieß **hamartia**. Aber dieses griechische Wort wurde zur Übersetzung des hebräischen Wortes für Sünde gebraucht (in der Septuaginta) und dadurch wurde es vertieft, denn „Sünde" im hebräischen Denken ist Gottlosigkeit, Gesetzlosigkeit, Rebellion gegen Gott. Und diese böse Macht, die Sünde, hält den ungläubigen Menschen gefangen.

Aber wie Paulus es ausdrückt: „Das Gesetz des Geistes, der da lebendig macht in Christus Jesus, hat mich frei gemacht von dem Gesetz der Sünde und des Todes" (Röm 8,2). Freiheit von der Sünde bedeutet aber noch nicht Sündlosigkeit. Solange wir im Leibe wohnen, kommen wir immer wieder zu kurz. Aber der Geist Gottes löst uns von der Macht der Sünde.

Die böse Macht, die auch im Leben der Gläubigen wuchert, nennt Paulus „das Fleisch". Dieses Wort darf aber nicht mit dem „Leib" verwechselt werden. (Wenn auch gelegentlich der Leib als Fleisch bezeichnet wird, z.B. in Gal 2,20.) Paulus ist nicht ein Feind des Leibes, der Leib ist eine Schöpfung Gottes; aber er ist ein Feind des Fleisches. Gegen das Fleisch kämpft der Heilige Geist in unserem Leben: „Denn das Fleisch streitet wider den Geist und der Geist wider das Fleisch; dieselben sind widereinander, dass ihr nicht tut, was ihr wollt" (Gal 5,17). Der Kampf zwischen Fleisch und Geist wird erst dann aufhören, wenn wir in die ewige Herrlichkeit eingehen. Aber wir brauchen nicht unter der Gewalt des Bösen leben. Paulus ermahnt die Galater: „Wandelt im Geist, so werdet ihr die Lüste des Fleisches nicht vollbringen" (Gal 5,16).

Der Heilige Geist bricht nicht nur die Macht der Sünde in unserem Leben, sondern er macht uns auch frei von der Gesetzlichkeit. „Regiert euch aber der Geist, so seid ihr nicht unter dem Gesetz" (Gal 5,18). Der Geist führt uns nicht aus der Gesetzlosigkeit in die Gesetzlichkeit, sondern zeigt uns einen neuen Weg.

B. Freiheit vom Gesetz

Paulus hat viel vom Gesetz zu sagen, und nicht immer hat das Wort denselben Sinn. Als Offenbarung des göttlichen Willens ist das Gesetz geistlich und heilig (Röm 7,12-14). Die heiligen Forderungen des Gesetzes werden durch den Glauben nicht aufgehoben. „Heben wir denn das Gesetz auf durch Glauben? Das sei ferne. Sondern wir richten das Gesetz auf" (Röm 3,31). Durch den Geist Gottes wird es uns möglich, Gottes Geboten gehorsam zu sein.

Das Wort „Gesetz" wird vielfach nicht im Sinne von göttlichen Geboten gebraucht, sondern spricht von der „Gesetzlichkeit". Bei der Gesetzlichkeit handelt es sich darum, dass Menschen meinen, zu dem erworbenen Heil in Christus noch etwas hinzu tun zu können. Immer wieder spricht Paulus von Gesetzeswerken, und von dieser Gesetzlichkeit befreit uns der Heilige Geist.

Das Gesetz kann uns nicht neues Leben geben (Gal 3,21). Den Geist können wir uns nicht durch Gesetzeswerke verdienen (Gal 3,3-5).

Andererseits, wenn wir im Geist wandeln, wird in uns die Gerechtigkeit, die das Gesetz fordert, erfüllt (Röm 8,4). In seinem Kampf gegen die Gesetzlichkeit vergißt Paulus nie, dass Gottes

Gesetz seinen heiligen Willen offenbart. Also darf Freiheit vom Gesetz dem Fleische nicht Raum geben (Gal 5,13).

Wer durch Gesetzeswerke versucht, sich sein Heil zu verdienen, steht unter dem Urteil des Gesetzes Gottes, denn wer in einem Gesetz fehlt, ist am ganzen schuldig (Gal 3,10). Andererseits werden Gottes Kinder, die sich der Freiheit vom Gesetz erfreuen, durch den Geist befähigt, Gottes moralische Gebote zu beachten.

Paulus vergleicht das Leben in der Gesetzlichkeit mit dem Ehebund. Eine Frau ist durch das Gesetz an ihren Mann gebunden, solange der Mann lebt. Wenn aber der Mann stirbt, ist sie los vom Gesetz, welches sie an den Mann bindet. Sie ist folglich frei, wieder zu heiraten. „Also seid auch ihr, meine Brüder, getötet dem Gesetz durch den Leib Christi, damit ihr einem anderen angehört, nämlich dem, der von den Toten auferweckt ist" (Röm 7,4). Das macht es uns möglich, dass wir im „neuen Wesen des Geistes" dem Herrn dienen können (Röm 7,6).

C. Freiheit vom Tod

Der Tod wird in der Heiligen Schrift als Feind gesehen. Er ist der letzte Feind, der überwunden werden soll (1Kor 15,26). Tod ist nicht einfach ein Naturgesetz, sondern ist die Folge der Sünde (Röm 5,12; 6,23). Durch die Auferstehung Jesu Christi ist die Macht des Todes gebrochen worden. Der Tod hat für die Gläubigen also seinen Stachel verloren (1Kor 15,55). Die Freiheit vom Tod jedoch erleben wir eigentlich nur als Hoffnung hier im Leben. Wir warten noch auf des Leibes Erlösung (Röm 8,23).

Obwohl wir in einem sterblichen Leibe leben, haben wir aber durch den Geist einen Vorgeschmack von der Freiheit vom Tod. „Das Gesetz des Geistes...", schreibt Paulus, „hat mich frei gemacht vom Gesetz der Sünde und des Todes" (Röm 8,2). Und weil der Geist des auferstandenen Christus in uns wohnt, wird er „auch eure sterblichen Leiber lebendig machen durch seinen Geist, der in euch wohnt" (Röm 8,11).

Wir haben den Heiligen Geist als Erstlingsgabe empfangen, und dieser Geist gibt uns die Gewißheit, dass Gott eines Tages auch unseren Leib vom Tode erretten wird. „Wir selbst, die wir haben des Geistes Erstlingsgabe, sehnen uns auch bei uns selbst nach der Kindschaft und warten auf unseres Leibes Erlösung" (Röm 8,23). An die Korinther schreibt Paulus angesichts des

Todes: „...der uns aber dazu bereitet hat, das ist Gott, der uns als Unterpfand den Geist gegeben hat" (2Kor 5,5). Deshalb können Gottes Kinder auch getrost auf Erden leben, „denn wir wandeln im Glauben, nicht im Schauen" (2Kor 5,7).

Der Heilige Geist, so heißt es in Epheser 4,30, ist Gottes Siegel, mit welchem wir gleichsam gestempelt sind „auf den Tag der Erlösung." Das heißt, wenn der letzte Tag kommen wird, wird Gott uns kennen, denn wir tragen sein Siegel und er wird uns vom Tode erlösen. Durch den Geist werden wir das ewige Leben ernten (Gal 6,8).

Durch den Tod und die Auferstehung Jesu Christi und durch die Ausgießung des Geistes wurde die Herrschaft der Sünde, des Gesetzes und des Todes beendet. Tatsächlich: wo der Geist des Herrn ist, da ist Freiheit.

3 DER GEIST UND DIE GEMEINSCHAFT DER GLÄUBIGEN

Der Heilige Geist verbindet den einzelnen Gläubigen mit dem erhöhten Christus; und alle die, welche die Gabe des Geistes empfangen haben, werden durch den Geist zu einer geistlichen Gemeinschaft verbunden. Diese geistliche Gemeinschaft trägt eine Unmenge von Namen und Beziehungen im Neuen Testament. Das Hauptwort ist das Wort „Gemeinde" (ekklesia).

Weil die Gemeinde im alten Bund ihre Wurzeln hat, werden auch recht viele Namen für das alttestamentliche Israel auf das neue Gottesvolk übertragen. Überall findet man im Neuen Testament eine Kontinuität zwischen Gemeinde und dem wahren Israel. Andererseits beginnt die Geschichte der neutestamentlichen Gemeinde mit Pfingsten; durch den Empfang des Geistes kam ein neues Gottesvolk ins Dasein.

In diesem Kapitel wollen wir über die Gemeinde als Wohnplatz des Heiligen Geistes einiges sagen. Zunächst aber müssen wir fragen, wie man Mitglied in dieser Gemeinschaft des Geistes wird.

3.1 Der Geist und die Taufe

In der Urgemeinde folgte die Wassertaufe auf die Bekehrung zu Christus. Später sah man es für gut an, wenn die Neubekehrten eine Zeit lang geprüft und belehrt wurden. Das Neue Testament beschreibt die Pionierzeit der Gemeinde. Wenn Menschen das Evangelium hörten, Buße taten, die Vergebung der Sünden erlangten, die Gabe des Geistes empfingen, ließen sie sich durch die Taufe in die Gemeinde eingliedern.

Durch die Wassertaufe legte man öffentlich Zeugnis davon ab, dass man mit dem Heiligen Geist in den Leib Christi getauft worden war. Paulus spricht nur einmal von der Taufe des Geistes, und bei ihm geht es um die Eingliederung in den Leib Christi. „Denn wir sind durch einen Geist alle zu einem Leibe getauft, wir seien Juden oder Griechen, Unfreie oder Freie und sind alle mit einem Geist getränkt" (1Kor 12,13).

Wenn in den Evangelien (Mt 3,11; Mk 1,8; Lk 3,16; Joh 1,33) und in der Apostelgeschichte (Apg 1,5; 11,16) von der Taufe des Geistes die Rede ist, wird sie auf Pfingsten bezogen. Jesus machte seinen Jüngern dieses recht klar: „Johannes hat mit Wasser getauft, ihr aber sollt mit dem Heiligen Geist getauft werden, nicht lange nach diesen Tagen" (Apg 1,5), nämlich, am Pfingsttag. Als die Gemeinde dann, durch die Ausgießung des Geistes, ins Leben gerufen wurde, wurden Menschen, die an Christus gläubig wurden, in die Gemeinde hineingetauft. Und dieses geschah durch den Geist.

Heute wird die Taufe mit dem Geist mitunter als eine zweite Erfahrung im Leben der Gotteskinder verstanden, aber dies gilt nicht für das Neue Testament. „Alle" Korinther waren durch den Geist in die Gemeinde hineingetauft worden. Man könnte den Anfang des christlichen Lebens von drei verschiedenen Seiten betrachten: (a) Von der *menschlichen* Seite ist Buße und Glaube erforderlich; (b) von der *göttlichen* Seite schenkt Gott den Gläubigen seinen Geist, sie werden durch den Geist in den Leib Christi getauft; (c) von der *kirchlichen* Seite gesehen, bekunden die Gläubigen ihre Bekehrung durch die Wassertaufe.

Weil die Wassertaufe auf die Geistestaufe folgte, werden Wassertaufe und Geist auch einige Male miteinander verbunden. „Ein Leib und ein Geist... ein Herr, ein Glaube, eine Taufe..." (Eph 4,4-5). Wer an Christus glaubt und ihn als Herrn bekennt, wird durch den Geist in den Leib Christi getauft, und dieses wird durch die Wassertaufe bezeugt.

Wenn in Titus 3,5 vom „Bad der Wiedergeburt" und „Erneuerung im Heiligen Geist" die Rede ist, dann wird man jedenfalls auch an die Taufe denken müssen. Die Taufe wurde mitunter als ein „Waschen" bezeichnet (s. Apg 22,16). Ob Paulus in 1.Korinther 6,11 auch an die Taufe dachte, als er vom „abwaschen" der Korinther sprach, ist nicht ganz sicher. Aber weil das Abwaschen mit Rechtfertigung und Heiligung verbunden wird und all dieses durch den Geist Gottes geschah und „im Namen Jesu Christi", ist es gut möglich, dass auch hier Wassertaufe und Geist verbunden werden.

3.2 Die Gemeinschaft des Geistes

Durch die Geistestaufe, öffentlich bezeugt durch die Wassertaufe, werden Gotteskinder der Gemeinde Jesu Christi einverleibt. Die Gemeinde Jesu Christi nimmt in den vielen Lokalgemeinden sichtbare Gestalt an. Dieses neue Gottesvolk ist eine „Gemeinschaft des Heiligen Geistes". Teilnahme an Christus (Hebr 3,14) und Teilnahme am Heiligen Geist (6,4) sind aber fast vertauschbar.

Der Ausdruck „Gemeinschaft des Geistes" kommt bei Paulus einmal in dem dreifachen Grußwort vor: „Die Gnade unseres Herrn Jesus Christus und die Liebe Gottes und die Gemeinschaft des Heiligen Geistes sei mit euch allen" (2Kor 13,13). Das andere Mal haben wir den Ausdruck in Philipper 2,1, wo Paulus es als selbstverständlich annimmt, dass in der Gemeinde die „Gemeinschaft des Geistes" eine Wirklichkeit ist.

Ob Paulus mit „Gemeinschaft" (**koinonia**) die Teilnahme der einzelnen Glieder am Geist im Sinn hatte, oder ob der Geist die Gemeinschaft unter den Gliedern schafft, ist nicht ganz klar. Vielleicht ist es am Besten, man nimmt beides in Betracht. Die Gemeinde besteht nicht einfach aus Menschen, die zur selben sozialen Schicht gehören, zur selben ethnischen Gruppe, die alle gleich denken, oder alle mehr oder weniger dieselben Lebenserfahrungen mit sich bringen. Der Geist nimmt die verschiedensten Menschen und schmilzt sie in eine Gemeinschaft des Geistes zusammen. Die Gemeinde ist also nicht ein religiöser Club, sondern eine Schöpfung des Heiligen Geistes.

Diese Gemeinschaft muss aber gepflegt werden. Daher ermahnt Paulus die Epheser, fleißig zu sein „zu halten die Einigkeit im Geist durch das Band des Friedens" (Eph 4,3). Auch nennt er einige Dinge, die zur Bewahrung der Einheit unter den Gemeindegliedern beitragen: Demut, Sanftmut, Geduld und das gegenseitige Vertragen in der Liebe (V. 2).

3.3 Die Wohnung des Geistes

Im alten Bund wohnte Gott mitten unter seinem Volk in der Stiftshütte und später im Tempel. Übrigens wird immer wieder darauf hingewiesen, dass man Gott nicht auf ein Gebäude beschränken darf. Als Israel von Gott abfiel, wurde das Wohnen Gottes unter seinem Volk eine Hoffnung, die in der neuen Zeit erfüllt werden sollte (s. Hes 37,27). Diese Hoffnung der Propheten wurde zum Teil Wirklichkeit, als das Wort Fleisch wurde und unter den Menschen wohnte (Joh 1,14). Durch die Ausgießung des Geistes am Pfingsttag gab es in dieser Beziehung eine neue Wendung: der verherrlichte Christus wohnt von jetzt ab durch seinen Geist unter seinem Volk. Endgültig wird diese Hoffnung in der Vollendung erfüllt werden: „Und er wird bei ihnen wohnen, und sie werden sein Volk sein, und er selbst, Gott wird mit ihnen sein" (Offb 21,3).

Heute wohnt Gott unter seinem Volk durch den Heiligen Geist. Paulus schreibt an die Römer: „Ihr aber seid nicht fleischlich, sondern geistlich, wenn anders Gottes Geist in euch wohnt" (Röm 8,9). Und wiederum: „Wenn nun der Geist des, der Jesus von den Toten auferweckt hat, in euch wohnt, so wird derselbe, der Jesus Christus von den Toten auferweckt hat, auch eure sterblichen Leiber lebendig machen durch seinen Geist, der in euch wohnt" (Röm 8,11). In diesen zwei Versen wird dreimal von der Innewohnung des Geistes gesprochen. In 8,10 ist von der Innewohnung des Christus die Rede, aber zwischen dem Wohnen des Christus und dem Wohnen des Geistes wird nicht scharf unterschieden. Umgekehrt kann auch gesagt werden, dass die Gläubigen „im Geist" sind, wie sie auch „in Christus" sind.

Durch den Heiligen Geist ist der erhöhte Christus in der Gemeinde gegenwärtig und führt sein Werk auf Erden weiter. Diese Wohnung Gottes unter seinem Volk führt dazu, dass die Gemeinde ein „Tempel des lebendigen Gottes" genannt wird (2Kor 6,16). An zwei Stellen in den Schriften des Apostel Paulus wird dann auch vom „Tempel des Heiligen Geistes" gesprochen: „Wisset ihr nicht, dass ihr Gottes Tempel seid und der Geist Gottes in euch wohnt?" (1Kor 3,16)

Das vollbrachte Werk Jesu Christi, das zur Schöpfung eines neuen Gottesvolkes führte, setzte den Schlußpunkt zum Tempel, der mit Händen gemacht worden war. Der hatte seinen Dienst getan; ja, der war, in den Worten Jesu, zur Mördergrube geworden. Ein neuer Tempel entstand durch die Gabe des Geistes. Petrus spricht von einem „geistlichen Hause" (1Petr 2,5), in welchem die einzelnen Glieder der Gemeinde lebendige Steine sind. Gegen den Tempel durfte man sich im alten Israel nicht verschuldigen. Und gegen den Tempel des Heiligen Geistes darf man auch nicht sündigen, denn das bringt göttliche Strafe mit sich (1Kor 3,17).

Aber nicht nur die Gemeinde ist als solche ein Tempel des Heiligen Geistes, sondern jedes einzelne Gotteskind ist ein Tempel des Geistes. „Oder wißt ihr nicht, dass euer Leib ein Tempel des Heiligen Geistes ist, der in euch ist, welchen ihr habt von Gott und seid nicht euer eigen?" (1Kor 6,19) Paulus hatte in den vorigen Versen vor der Unzucht gewarnt. Diese Warnung wird jetzt unterstrichen, indem er die Heiligkeit des Leibes betont.

In Epheser 2,20-22 erweitert Paulus das Bild vom geistlichen Tempel. Gott hatte versprochen in Zion einen köstlichen Eckstein zu legen (Jes 28,16), und diese Verheißung ist in der Gemeinde in Erfüllung gegangen. Christus ist der Grundstein der Gemeinde, und dieses geistliche Haus wächst zu einem heiligen Tempel in dem Herrn, und die Glieder der Gemeinde werden miterbaut „zu einer Behausung Gottes im Geist". Vom christologischen Standpunkt gesehen ist die Gemeinde ein fertiges Gebäude. Der Grundstein ist einmal gelegt worden, und die Gemeinde ruht auf dieser Basis (1Kor 3,11). Jedoch, vom pneumatischen Gesichtspunkt gesehen, ist die Gemeinde ständig am Wachsen.

3.4 Der Geist und die Gottesfamilie

In demselben Abschnitt, in welchem die Gemeinde „Gottes Tempel" genannt wird (2Kor 6,16-18), zitiert Paulus die alte Bundesformel, wie wir sie z.B. in Jesaja 52,11 und Jeremia 31,9 finden: „Ich will euer Vater sein, und ihr sollt meine Söhne und Töchter sein." Das neue Gottesvolk wird also auch als Familie gesehen. Immer wieder heißt die Gemeinde „Gottes Haus", und die Glieder sind „Hausgenossen, Söhne und Töchter". Auch mit diesem Bild von der Gemeinde ist der Heilige Geist eng verbunden.

A. Der Geist und die Adoption

Einige Male spricht Paulus von der **hyiothesia** (Sohnesstellung), die Gott uns in seiner Gnade geschenkt hat. Der Begriff ist schon im Alten Testament bekannt, wo Israel „Gottes Sohn" genannt wird (2Mo 4,22; Hos 11,1). Auch im Neuen Testament wird einmal von Israels Sohnstellung gesprochen (Röm 9,4). An den anderen Stellen jedoch wird das Bild von der Sohnstellung auf die Gemeinde angewandt (Röm 8,15.23; Gal 4,5; Eph 1,5).

An zwei dieser Stellen wird der Heilige Geist mit der Adoption, der Aufnahme in Gottes Familie, verbunden. In der bekannten Stelle in Galater 4 erklärt Paulus, dass Gott seinen Sohn gesandt hat, damit wir die Kindschaft (**hyiothesia**) empfangen (V. 5). Und weil wir jetzt Kinder in der Familie Gottes sind, „hat Gott den

Geist seines Sohnes in unsere Herzen gesandt, der schreit: „Abba, lieber Vater" (V. 6). Durch den Heiligen Geist in unseren Herzen werden wir uns unserer Kindschaft in Gottes Familie bewußt. Und weil wir Gottes Kinder sind, sind wir auch Erben (V. 7).

Auch in Römer 8,23 wird die Sohnstellung mit der Gabe des Geistes verbunden. Hier jedoch, ist die Sohnschaft noch eine Hoffnung, die durch die Erlösung des Leibes erfüllt werden soll. Wir haben nur die Erstlingsgabe des Geistes und sehnen uns nach der Sohnstellung, die uns in der Vollendung zuteil werden soll.

B. Der Geist und der Zutritt zum Vater

Ein anderer Segen, den wir als Kinder in Gottes Familie genießen, ist der freie Zutritt zu Gott. „Denn durch ihn haben wir den Zugang alle beide in *einem* Geist zum Vater" (Eph 2,18). Paulus hatte eben von dem Versöhnungswerk Jesu gesprochen, der aus zwei Menschengruppen, Juden und Heiden, einen neuen Menschen geschaffen hat.

Juden und Heiden, die beide denselben Geist empfangen hatten, als sie gläubig wurden, haben jetzt freien Zutritt zu Gott dem Vater. Israel hatte ja Zutritt zu Gott, der in einem irdischen Heiligtum Wohnung genommen hatte. Die Heiden hatten dieses Vorrecht nicht. Jetzt aber sind sie nicht mehr „Gäste und Fremdlinge, sondern Mitbürger der Heiligen und Gottes Hausgenossen" (Eph 2,19). Durch den Geist dürfen Juden und Heiden jetzt ohne Unterschied vor Gott treten und ihn Vater nennen.

4 DER GEIST UND DER CHRISTLICHE WANDEL

Das neue Gottesvolk, die Gemeinde, welches durch die Ausgießung des Heiligen Geistes ins Leben gerufen wurde, führte eine andere Lebensweise, als die, welche ohne Gott in der Welt lebten. Wir haben bereits vom Anfang des neuen Lebens in Christus gesprochen; jetzt wenden wir uns dem Fortgang zu, dem christlichen Wandel. Durch den Geist sind wir zum Leben gekommen, erklärt Paulus den Galatern, und darauf folgt dann die Ermahnung: „So lasset uns auch im Geiste wandeln" (Gal 5,25).

4.1 Der Wandel im Geist

Das „Wandeln", das „Gehen", ist das bekannteste Bild für das Leben der Gläubigen. Schon auf den ersten Blättern der Bibel wird berichtet, dass Henoch mit Gott wandelte (1Mo 5,24). Der Wandel einer Person schließt die Lebensanschauung, die Werte, die Ziele und Hoffnungen ein. Also, wenn wir vom christlichen Wandel sprechen, dann ist damit das tägliche Handeln und Benehmen der Gläubigen gemeint. Christen zur Zeit der Apostel wurden mitunter als Menschen „des Weges" bezeichnet (Apg 19,9.23), d.h. sie führten eine andere Lebensweise, weil sie anders belehrt worden waren.

Ungefähr dreissig Mal kommt bei Paulus das Wort **peripateo** (gehen, wandeln), im Sinn von einer bestimmten Lebensweise, vor. (Dazu kommen noch andere Zeitwörter, wie z.B. **stoicheo** – in einer Linie zu gehen, oder Schritt zu halten, und **politeuo** – bürgerlich leben, aber auf das christliche Leben angewandt.)

Wenden wir uns nun Galater 5,16 zu, wo wir die Aufforderung haben, im Geist zu wandeln. (Grammatisch könnte man auch „durch den Geist" sagen.) Im Geist zu wandeln bedeutet nicht einfach, an geistlichen Aktivitäten teilzunehmen (z.B. Beten, Singen, Bibellesen, usw.). Solche Dinge gehören wohl zum Wandel im Geist, aber die Gläubigen werden ermahnt, ständig im Geist zu wandeln, bei all ihrem Tun und Lassen.

Dass Paulus die Leser ermahnt, im Geist zu wandeln, will andeuten, dass der Wandel im Geist nicht automatisch geschieht, sondern, dass der Gläubige eine gewisse Verantwortung für einen solchen Wandel trägt. Zugleich aber wird auf die Kraft hingewiesen, die uns befähigt, einen Gott wohlgefälligen Wandel zu führen: es ist der Heilige Geist.

Der Wandel im Geist hat nichts mit frommen Gefühlen zu tun, sondern mit einem Leben, in welchem die Lehren Jesu und der Apostel ernst genommen werden. Ein Wandel im Geist hat mit der Christusähnlichkeit im täglichen Leben zu tun.

Solch ein Wandel bringt innere Konflikte mit sich: „Denn das Fleisch streitet wider den Geist und der Geist wider das Fleisch; dieselben sind widereinander, dass ihr nicht tut, was ihr wollt" (Gal 5,17). Das Fleisch ist die böse Macht in unserem Leben, die uns immer wieder drängt, unsere sündigen Neigungen auszuführen. Der Heilige Geist dagegen will in uns das Wirken, was Gott gefällt.

Der Kampf zwischen Fleisch und Geist ist nicht ein Kampf zwischen körperlicher Schwachheit und menschlichem Geist. Fleisch bezieht sich hier nicht auf den Leib, sondern ist die böse Macht in unserm Leben, die durch den Sündenfall in die Menschheit eingedrungen ist. Auch haben wir es bei diesem inneren Konflikt nicht mit einer geteilten Persönlichkeit zu tun. Vielmehr geht es beim Wandel im Geist um einen moralischen Konflikt. Wer im Geist wandelt, sagt Paulus, wird die Lüste des Fleisches nicht vollbringen (5,16). Er hat Sieg über das Böse in seinem Leben.

Um uns Beispiele von dem Bösen zu geben, zu welchem wir alle eine Neigung haben, reiht Paulus eine lange Liste von „Werken des Fleisches" auf (V. 19-21). Der Wandel im Geist dagegen wird von den wunderbaren Früchten des Geistes (V. 22) gekennzeichnet. Solange wir auf dieser Erde sind, gilt es gegen das Fleisch zu kämpfen. Die absolute Vollkommenheit, die Sündlosigkeit, kennt das Neue Testament nicht. Erst wenn wir mit Christus in der Herrlichkeit sein werden, werden wir von aller Sünde frei sein. Aber durch den Geist ist es möglich, über das Fleisch zu siegen. Wir brauchen nicht als Sklaven der Sünde zu leben.

4.2 Die Leitung durch den Geist

Im selben Abschnitt, in welchem vom Wandel im Geist die Rede ist, spricht Paulus auch von der Führung durch den Geist: „Regiert euch aber der Geist, so seid ihr nicht unter dem Gesetz" (Gal 5,18). Luther hat das griechische **ago** (leiten, führen) mit

„regieren" übersetzt. Hier steht das Gesetz dem „Leben im Geist" gegenüber. Mit Gesetz meint Paulus die Gesetzlichkeit, mit welcher die Leser es zu tun hatten. Aber wenn man durch eigenes Können versucht, sich das Heil zu sichern, kommt man unter die Gewalt des Fleisches. Der Geist macht Gottes Kinder frei von der Gesetzlichkeit, gibt ihnen aber zugleich die Kraft, ihr Leben nach Gottes Geboten einzurichten.

Wie führt der Geist Gotteskinder? Manchmal durch innere Impulse, durch Anregungen unseres Gewissens, welches auch vom Geist erleuchtet werden muss; mitunter führt er auch durch äußerliche Umstände. Oft leitet der Geist uns durch ein Wort aus der Heiligen Schrift. Hier muss man übrigens vorsichtig sein und nicht irgendwo in der Bibel einen Satz herausgreifen, der für uns dann richtunggebend ist. Der Heilige Geist und die Heilige Schrift sind miteinander im Einklang, und wenn wir etwas tun, das gegen die Lehre der Schrift ist, dann wissen wir, dass der Geist uns darin nicht geleitet hat. Auch führt der Geist durch das Beispiel anderer Kinder Gottes; und manchmal durch ein „Wort der Weisheit" eines Bruders oder einer Schwester. Auch hat Führung des Geistes nicht einfach mit Entscheidungen im täglichen Leben zu tun – Beruf, Familie, Wohnort, usw.-, sondern es geht vielmehr um Führung in ethischen Fragen. In Epheser 5,18, wo Paulus die Leser ermahnt, mit dem Geist erfüllt zu werden, wird der „vorsichtige Wandel" erwähnt.

In Römer 8,14 schreibt Paulus: „Denn welche der Geist Gottes treibt, die sind Gottes Kinder." Das Zeitwort „treiben" ist genau dasselbe wie in Galater 5,18 (**ago** – führen, leiten). Paulus stellt die Führung des Geistes hier nicht in Zweifel, sondern erklärt einfach, dass Gottes Kinder daran zu erkennen sind, dass sie vom Geist Gottes geleitet werden. Durch den Geist werden die Gläubigen in ihrem Denken, in ihrem Gewissen erleuchtet. Sie erkennen, was Gott von ihnen haben will, und der Geist gibt ihnen die innere Freudigkeit, Gottes Willen zu tun. Dass der Heilige Geist durch unser Gewissen zu uns spricht, geht aus Römer 9,1 hervor, wo Paulus von dem Zeugnis spricht, welches ihm sein Gewissen „im Heiligen Geist" gibt. Das Gewissen kann Menschen verführen (Paulus verfolgte Christen mit gutem Gewissen) und daher muss es durch Gottes Wort belehrt und durch den Heiligen Geist erleuchtet werden.

4.3 Die Stärkung durch den Geist

In seinem Gebet für die Epheser bittet Paulus, dass Gott ihnen „Kraft gebe, nach dem Reichtum seiner Herrlichkeit, stark zu werden durch seinen Geist an dem inwendigen Menschen" (Eph 3,16). Der inwendige Mensch ist gleichbedeutend mit „Herz" (V. 17) und steht im Gegensatz zu dem äußeren Menschen, d.h. dem Leibe.

Was es heißt, am innerlichen Menschen stark zu werden, wird nicht erklärt. Übrigens spricht der nächste Vers davon, in der Liebe gewurzelt und gegründet zu werden. Darauf folgt dann noch das Wachsen in der Erkenntnis (V. 18,19). Jedenfalls denkt Paulus hier an das Starkwerden im Glauben, das Heranreifen zum Mannesalter in Christus (Eph 4,13).

Auch in schweren Lebenslagen kommt der Geist uns zur Hilfe. Als Paulus im Gefängnis lag, schrieb er an die Philipper: „Denn ich weiß, dass mir dies zum Heil gereichen wird durch euer Gebet und durch den Beistand des Geistes Jesu Christi" (Phil 1,19). Ob er mit „Heil" (**soteria**, d.h. Rettung) die Rettung aus der Gefangenschaft im Sinn hatte, oder sein ewiges Heil, ist nicht ganz klar, aber er verläßt sich auf ihre Gebete und die „Darbietung" (**epichoregia** – Unterstützung, Beistand) des Heiligen Geistes.

Paulus mag hier an Jesu Verheißung gedacht haben, die er seinen Jüngern gab, dass der Geist ihnen vor menschlichen Gerichten beistehen würde; er würde ihnen sogar eingeben, was sie zu sagen hätten (Mk 13,11; Lk 12,12). Paulus war auch darum besorgt, dass er in seinem Zeugnis vor Gericht nicht zu Schanden werden sollte und stützt sich auf die Fürbitte der Philipper und den Beistand des Geistes Jesu Christi.

Die Kraft Gottes offenbart sich aber oft in großer Schwachheit (2Kor 12,10); daher dürfen wir nicht in egozentrischer Weise um die Stärkung durch den Geist bitten. „Der Geist hilft unserer Schwachheit auf" (Röm 8,26), besonders auch in unserem Gebetsleben.

4.4 Verklärt durch den Geist

Gotteskinder werden immer wieder als „Heilige" bezeichnet. Sie gehören Gott an, haben sich seinem Dienst geweiht und suchen ein Gott wohlgefälliges Leben zu führen. Das bedeutet dann auch, dass sie sich vom Bösen absondern. Die Heiligung ist also nicht allein etwas, das am Anfang des christlichen Lebens geschah, als wir Gottes Kinder wurden, sondern zieht sich durchs ganze Leben; es ist ein Prozeß.

Dieser Prozeß wird auch Verklärung genannt, Transformierung (**metamorphoomai**). „Nun aber spiegelt sich bei uns allen die Herrlichkeit des Herrn in unserm aufgedeckten Angesicht, und wir werden verklärt in sein Bild von einer Herrlichkeit zur anderen von dem Herrn, der der Geist ist" (2Kor 3,18).

Das Widerspiegeln der Herrlichkeit des Herrn im Leben der Gläubigen ist nur dann möglich, wenn sie auf Jesu Beispiel und seine Lehren acht geben. „Von einer Herrlichkeit zur anderen" kann sogar so verstanden werden, als ob die Herrlichkeit des Herrn sich auf uns überträgt. Paulus mag aber auch an das christliche Wachstum gedacht haben: Je länger wir mit Christus wandeln, desto ähnlicher werden wir ihm. Und dieses geschieht durch die Wirkung des Heiligen Geistes.

Petrus spricht von der „Heiligung durch den Geist, zum Gehorsam" (1Petr 1,2). Auch in 1.Korinther 6,11 wird die Heiligung mit dem Heiligen Geist verbunden. An die Thessalonicher schreibt Paulus, dass Gott sie zur Rettung erwählt hat „in der Heiligung durch den Geist und im Glauben an die Wahrheit" (2Thess 2.13). In diesen Versen geht es jedenfalls um die prinzipielle Heiligung, die am Anfang des christlichen Lebens geschieht. Das gilt wohl auch bei der Stelle in Römer 15,16, wo Paulus von den Gläubigen aus den Heiden sagt, dass sie „geheiligt worden sind durch den Heiligen Geist".

Aber wie schon gesagt, die Heiligung, die Transformierung unserer Persönlichkeit, ist auch ein dauernder Prozeß. „Dies ist der Wille Gottes: eure Heiligung" (1Thess 4,3). Gleich darauf erinnert Paulus seine Leser daran, dass Gott uns seinen Heiligen Geist gibt. Ohne die Hilfe des Geistes können wir nicht in das Bild Christi verklärt werden. Dieses ist aber auch ein großer Trost für Gottes Kinder. Sie können sich in ihrem „Jagen" nach der Heiligung (Hebr 12,14) auf den Heiligen Geist verlassen; er wirkt in ihnen das Wollen und auch das Vollbringen.

4.5 Die Erfüllung mit dem Geist

Außerhalb der Apostelgeschichte haben wir nur eine Stelle im Neuen Testament, die von der Erfüllung mit dem Geist spricht:

„Und sauft euch nicht voll Wein, daraus ein unordentliches Wesen folgt, sondern werdet voll Geistes" (Eph 5,18). Genauso wie in der Apostelgeschichte, wo die Fülle des Geistes einige Male im Zusammenhang mit der christlichen Ethik erwähnt wird, so steht auch diese Aufforderung des Apostels mitten in einem ethischen Kontext. Also hat die Erfüllung mit dem Geist mit dem christlichen Wandel zu tun. Tatsächlich wird in den vorigen Versen (V. 15-17) vom Wandel in der Weisheit gesprochen. Um einen weisen Wandel zu führen, muss nach dem Willen Gottes (V. 17) in der christlichen Ethik gefragt werden.

Die apostolische Ermahnung, mit dem Geist erfüllt zu werden, lässt durchleuchten, dass nicht jedes Gotteskind des Geistes voll ist. Alle Gläubigen haben den Geist Gottes (Röm 8,9), aber auch Träger des Geistes können manchmal recht fleischlich handeln (s. 1Kor 3,3). Alle Gotteskinder sind mit dem Geist in den Leib Christi getauft worden, aber nicht alle offenbaren im täglichen Leben die Fülle des Geistes.

Wenn Paulus seinen Lesern befiehlt: „Werdet voll Geistes!", dann will er ihnen ja nicht ein schweres Joch aufhalsen, sondern er will, dass sie die Gabe des Heiligen Geistes im vollen Maße genießen können. Gott fordert von uns auch nicht, was er nicht geben kann. Der Imperativ (die Forderung) beruht auf dem Indikativ (das Geschenkte). Aber eine Ermahnung spricht auch von persönlicher Verantwortung. Wer sich nicht der Wirkung des Geistes öffnet, wer nicht willig ist, den Willen Gottes zu tun, wer sich weigert, dem Herrn zu dienen, wer an Lieblingssünden festhält, der kann die Fülle des Geistes nicht erleben.

Das Zeitwort **pleroo** (werdet voll) ist in der Gegenwart geschrieben, und das bedeutet, dass dieses ständig unser Anliegen sein muss. Man kann nicht durch eine einzige Erfahrung, bzw. eine „zweite Erfahrung", die Fülle des Geistes erlangen und sie dann gleichsam als wertvolles Gut durchs Leben tragen. Voll des Geistes zu werden bedeutet, dass Jesus über unser Leben die Kontrolle gewinnt. In diesem Prozeß werden sich immer wieder neue Gebiete auftun, wo Jesus noch nicht Herr ist.

Nirgends wird uns geboten, mit dem Geist getauft zu werden, denn das geschieht, wenn wir gläubig werden und die Gabe des Geistes empfangen. Mit dem Geist erfüllt zu werden, wird aber befohlen. Diesem Befehl geht ein Verbot voraus: „Sauft euch nicht voll Wein" (V. 18a). Und das deutet jedenfalls an, dass es Dinge gibt, die uns daran hindern, mit dem Geist erfüllt zu werden. Es gibt ja manche Dinge, neben der Trunksucht, die unser Leben in einer Weise ausfüllen können, dass der Heilige Geist gleichsam verdrängt wird. Es dürfen sogar an sich unschuldige Aktivitäten sein, die uns in den Bann schlagen und die Fülle des Geistes verhindern.

Gleich auf die Ermahnung, uns mit dem Geist füllen zu lassen, gibt Paulus dann einige Früchte der Geistesfülle an. Zunächst wird der freudige Gesang genannt: „Redet untereinander in Psalmen und Lobgesängen und geistlichen Liedern, singet und spielet dem Herrn in euren Herzen" (V. 19). Darauf folgt dann die Dankbarkeit als Ausdruck der Geistesfülle: „Und sagt Dank allezeit für alles Gott, dem Vater, in dem Namen unseres Herrn Jesus Christus" (V. 20). Und zuletzt nennt er noch die Untertänigkeit: „Und seid einander untertan in der Furcht Christi" (V. 21). Einige Ausleger meinen übrigens, dass dieses geistliche Mittel sind, durch welche man zur Fülle des Geistes durchdringen kann, aber es scheint richtiger zu sein, sie als Ausdrücke der Geistesfülle zu verstehen.

Eine Frage, die natürlich aufsteigt, ist: Können wir wissen, ob wir voll des Geistes Gottes sind? *Michael Green* macht die Beobachtung, dass Menschen, die viel von ihrer Erfüllung mit dem Geist reden, oft einen anderen Geist offenbaren, als den Geist Jesu Christi. Da wo Hochmut, Zwietracht, Lieblosigkeit und Kritik das Verhältnis zwischen Gottes Kindern stören, kann doch nicht von Geistesfülle die Rede sein (**Believe in the Holy Spirit**, S. 156). Im Neuen Testament sagt niemand von sich selbst: „Ich bin voll des Geistes." Die christliche Demut lehrt uns bescheiden zu sein. Vielmehr sollten wir ständig um die Erfüllung mit dem Geist bitten und all das aus dem Weg räumen, was die Geistesfülle in unserem Leben verhindern könnte.

4.6 Die Frucht des Geistes

Der Ausdruck „Frucht des Geistes" erscheint nur einmal im Neuen Testament und zwar in Galater 5,22. (Im byzantinischen Text kommt der Ausdruck auch in Epheser 5,9 vor, aber die bessere Lesart ist: „Frucht des Lichts".) Frucht des Geistes stellt Paulus den Werken des Fleisches gegenüber (Gal 5,19-21). Die Frucht des

Geistes, schreibt Paulus, ist „Liebe, Freude, Friede, Geduld, Freundlichkeit, Gütigkeit, Glaube, Sanftmut, Keuschheit." Wieder handelt es sich um die Heiligung, die Christusähnlichkeit, den christlichen Charakter, den Wandel im Geist.

Warum Paulus von „der Frucht" des Geistes spricht, im Gegensatz zu „den Werken" des Fleisches, ist nicht sicher. „Werke" hat schon im Galaterbrief einen negativen Sinn angenommen, weil Paulus immer wieder die Werke des Gesetzes verurteilt. Auch ist nicht recht klar, warum *Frucht* in der Einzahl gebraucht wird und *Werke* in der Mehrzahl. Soll die Einzahl *Frucht* eine innere Harmonie andeuten, im Gegensatz zu dem wilden Durcheinander der Werke des Fleisches? Es kann auch sein, dass Paulus hier an alttestamentliche Verheißungen gedacht hat (z.B. Hes 38,26; Jes 32,15), die von der Fruchtbarkeit sprechen, die auf das Kommen des Geistes in der neuen Zeit folgen soll. Diese neue Zeit ist jetzt angebrochen.

Paulus nennt neun „Früchte" des Geistes, aber das ist jedenfalls nur eine Beispielliste. Es gibt ja noch viele ähnliche Charakterzüge, die hier und da in den apostolischen Schriften erwähnt werden. An der Spitze der neun genannten Früchte steht die Liebe. Die Liebe Gottes zu seinen Kindern, schreibt Paulus an die Römer, ist durch den Heiligen Geist in unsere Herzen ausgegossen worden (Röm 5,5). Auch ermahnt er die Römer „durch die Liebe des Geistes", ihn mit Gebet zu unterstützen. Das Kapitel der Liebe (1 Kor 13) steht zwischen den zwei Kapiteln, die von den Geistesgaben reden. Damit will Paulus sicherlich sagen, dass die Frucht des Geistes viel wichtiger ist als alle Gaben des Geistes. Epaphras hat über „die Liebe im Geist" der Kolosser Bericht erstattet (Kol 1,8). An Timotheus schreibt Paulus und erinnert ihn daran, dass Gott uns nicht den Geist der Furcht gegeben hat, sondern „der Kraft und der Liebe und der Zucht" (2 Tim 1,7).

Gottes Reich, erklärt Paulus den Römern, besteht nicht in Speise und Trank, sondern in „Gerechtigkeit und Friede und Freude in dem Heiligen Geist" (Röm 14,17). Auch in 1. Thessalonicher 1,6 erwähnt Paulus die Freude, die der Heilige Geist bei seinen Lesern ausgelöst hatte.

Es wäre also nicht falsch, wenn wir zurückgreifen würden und sagen, dass die Fülle des Geistes gerade auch in der Frucht des Geistes zum Vorschein kommt. Die Apostel fordern von ihren Lesern keine ekstatischen Erfahrungen, sondern ein Leben, in welchem die Frucht des Geistes offenbart wird. Jesu Worte: „An ihren Früchten sollt ihr sie erkennen!" (Mt 7,16), ist auch hier anwendbar.

4.7 Sünden wider den Geist

Der Heilige Geist ist die dritte Person der Gottheit. Ihn kann man beleidigen. Daher die Warnung des Apostels an die Epheser: „Und betrübt nicht den Heiligen Geist Gottes, mit dem ihr versiegelt seid auf den Tag der Erlösung" (Eph 4,30). Der Kontext deutet an, wie dieses geschehen kann. Durch Unwahrheit (V. 25), Unversöhnlichkeit (V. 26), Diebstahl (V. 28) und faules Geschwätz (V. 29) betrüben wir den Geist Gottes.

Der Schreiber an die Hebräer spricht von Menschen, die „teilhaftig geworden sind des Geistes" (Hebr 6,4) und dann abfallen. Der Abfall wird als ein Schmähen des Geistes der Gnade bezeichnet (Hebr 10,29). Jedenfalls geht es hier um die Sünde gegen den Heiligen Geist, von welcher Jesus sprach (Mk 3,29). Es ist die Verhärtung, die mutwillige Rebellion gegen Gott, die nicht vergeben werden kann.

Noch eine andere Sünde gegen den Heiligen Geist ist das „Dämpfen" des Geistes. „Den Geist dämpft nicht!" (1Thess 5,19) Der Geist wird hier als ein Feuer gesehen, das gelöscht werden kann. Es kann sein, dass die Thessalonicher durch das Verachten der Weissagung in der Gemeinde (V. 20) in Gefahr standen, kaltes Wasser auf den Geist zu werfen. Es könnte ja auch sein, dass man zuviel Gewicht auf Ordnung in der Gemeinde gelegt hatte, so dass der Geist nicht Raum hatte sich auszudrücken. Jedoch, den Geist kann man auch durch sündige Tätigkeiten dämpfen. „Meidet das Böse in jeder Gestalt," ist eine Ermahnung, die im Zusammenhang mit der Warnung, den Geist nicht zu dämpfen, gegeben wurde. Paulus will, dass Gottes Kinder „brennend im Geist" sein sollen (Röm 12,11).

5 DER HEILIGE GEIST UND DER GOTTESDIENST

In seinem Gespräch mit der samaritischen Frau am Brunnenrand wies Jesus sie auf die Zeit hin, in welcher die wahrhaftigen Anbeter den Vater „im Geist und in der Wahrheit" anbeten würden (Joh 4,23). Diese Zeit brach mit Pfingsten an. Anbetung ist nicht mehr auf den Tempel beschränkt; Gott kann man überall anbeten, denn er ist Geist. Die rechte Anbetung ist auch nur durch den Geist Gottes möglich.

Die Gemeinde, die am Pfingsttage geboren wurde, war eine anbetende Gemeinde (Apg 2,42). Die Neugetauften kamen zusammen zur Belehrung, zur Gemeinschaft, zum Brotbrechen und zum Gebet. Manche gottesdienstliche Formen übertrug man aus der jüdischen Synagoge auf die Versammlungen der Gläubigen, aber der Geist schuf auch Neues. Die alten Schläuche wurden durch den neuen Wein zerrissen. Der Geist des auferstandenen Christus belebte die gottesdienstlichen Versammlungen der Gläubigen. Ein Merkmal des neuen Gottesvolkes war, dass es im Geist Gott diente.

5.1 Gott dienen im Geist

Paulus schreibt an die Philipper und warnt sie vor den Judaisten: „Denn wir sind die rechte Beschneidung, die wir Gott in seinem Geiste dienen" (Phil 3,3). Das alttestamentliche Bundeszeichen, die Beschneidung, wird hier geistlich verstanden; Christen sind jetzt das wahre Israel. An die Römer schreibt Paulus: „Die Beschneidung des Herzens ist eine Beschneidung, die im Geist und nicht im Buchstaben geschieht" (Röm 2,29). Nicht die Beschneidung am Fleisch ist jetzt das Kennzeichen des wahren Gottesvolkes, sondern die Gabe des Geistes.

Was aber heißt, Gott im Geist dienen? Es ist gar nicht so sicher, dass das Wort „dienen" (**latreuo**) auf gottesdienstliche Versammlungen zu beziehen ist. Manche Ausleger verstehen das Dienen hier im erweiterten Sinne. Auch im täglichen Leben dienen Gottes Kinder dem Herrn. Vielleicht ist es am Besten, wenn wir unter „dienen" den täglichen wie auch den sonntäglichen Gottesdienst in all seinen Formen einschließen. Wir bedürfen der Hilfe des Geistes am Montag genauso wie am Sonntag.

Nun kann aber auch das Wort „Geist" in diesem Text verschieden verstanden werden. Meint Paulus, dass die Gemeinde keine äußerlichen Formen des Gottesdienstes braucht? So wie man im Tempelkult Gott diente (durch Opfer), dient die Gemeinde jetzt nicht Gott, aber ihr Dienst ist öfter doch recht praktisch und irdisch, bzw. drückt sich in gewissen Formen aus. Mitunter hat man das Wort „Geist" in unserem Text sogar als menschlichen Geist verstanden. Aber wir dienen dem Herrn doch nicht allein in unserem Denken.

Man kommt dem Sinn des Textes näher, wenn man ihn so versteht: Der Geist gibt den wahren Gotteskindern die Kraft, die Möglichkeit, ja die Freudigkeit, Gott zu dienen. In einigen Handschriften steht das Wort „Gott" hier im Genitiv. In dem Fall müßten wir so lesen: „Die wir im Geiste Gottes dienen." Auf jeden Fall, der Heilige Geist ist die innere Dynamik in unserem Dienst für den Herrn. Für Menschen, die noch immer sündige Anlagen haben, ist das „Gott dienen" gar nicht immer so leicht und so selbstverständlich; aber der Heilige Geist inspiriert, belebt und trägt unseren Gottesdienst.

5.2 Der Geist und das Glaubensbekenntnis

Das älteste Glaubensbekenntnis der Gläubigen, die aus dem Judentum kamen, war: „Jesus ist der Christus (der Messias)!" (Mk 8,29). Immer wieder hat Paulus in den Synagogen versucht, die Zuhörer davon zu überzeugen, dass Jesus der Messias ist (z.B. Apg 9,22). Als aber das Evangelium in die Heidenwelt eindrang, wo die Hoffnung auf den Messias nicht bekannt war, scheint es so, als ob das erste und kürzeste Glaubensbekenntnis „Jesus ist Herr" war. „Denn so du mit deinem Munde bekennst Jesus, dass er der Herr sei..., so wirst du gerettet," schreibt Paulus an die Römer (10,9).

Dieses einfache Bekenntnis war aber recht schwerwiegend, denn das Wort „Herr" (kyrios) war die griechische Übersetzung des alttestamentlichen Namens Jahweh. Auch brachte dieses Bekenntnis oft Verfolgung mit sich, denn zur Zeit der Apostel wurde auch der römische Kaiser „Herr" genannt. Daher kann man auch zum Teil verstehen, wenn Paulus an die Korinther schreibt, dass „niemand Jesus den Herrn heißen kann, ohne durch den Heiligen

Geist" (1 Kor 12,3); und wenn jemand Jesus verflucht, tut er es nicht durch den Geist Gottes.

Wie es scheint, gab es in Korinth recht ekstatische Erfahrungen im Gottesdienst, so dass einige Personen nicht mehr zwischen heidnischen und christlichen Formen der Anbetung unterscheiden konnten. Paulus deutet an, dass wahrer Gottesdienst nicht notwendigerweise in Ekstase zu finden ist, sondern in dem Bekenntnis, dass Jesus der Herr ist; und dieses Bekenntnis kann durch die Kraft des Geistes abgelegt werden.

Ob es unter den Korinthern tatsächlich solche gab, die im Gottesdienst so außer sich waren, dass sie Jesus fluchten, ist nicht klar. Aber, so erklärt Paulus, sollte irgend jemand Jesus fluchen, dann tut er es nicht durch den Heiligen Geist. Paulus selbst, als er noch Christenverfolger war, versuchte die Gläubigen dazu zu zwingen, Jesus zu fluchen (Apg 26,11), aber 1.Korinther 12,3 scheint nicht auf Verfolgung hinzuweisen.

Was meint Paulus aber, wenn er sagt, dass niemand Jesus als Herr bekennen kann, als nur durch den Heiligen Geist? Gewiß kann man diese Worte ohne Hilfe des Geistes hersagen, aber wenn man Jesus die absolute Treue versprechen will, kann man dieses nur durch den Heiligen Geist.

1.Korinther 12 hat es mit den Gaben des Geistes zu tun und Vers 3 ist die Einleitung zu diesem Thema. Es kann daher sein, dass Paulus seinen Lesern sagen wollte: Der Prüfstein für wahre Geistlichkeit ist nicht der Besitz von ekstatischen Gaben (wie z.B. das Zungenreden), sondern wenn man sein Leben unter die Herrschaft Jesu gestellt hat und ihn im täglichen Leben als Herrn bekennt.

5.3 Der Geist und das Gebet

Die Briefe des Neuen Testaments wurden im Geist des Gebets geschrieben. Die Leser werden nicht nur zum Gebet angehalten, sondern die Apostel bitten immer wieder um die Hilfe der Gemeinde, ihnen im Gebet mitzuhelfen. Auch haben wir eine ganze Reihe von kurzen Gebeten in den Briefen selbst (z.B. Eph 1,16-20; 3,14-19).

Immer wieder wird der Heilige Geist in Verbindung mit dem Gebet der Gläubigen erwähnt. Wir haben schon einige Male auf den Text in Galater 4,6 hingewiesen: „Weil ihr denn Kinder seid, hat Gott den Geist seines Sohnes in unsere Herzen gesandt, der schreit: Abba, lieber Vater." Der Heilige Geist gibt uns die Gewißheit, dass wir Gottes Kinder sind und gibt uns die Freimütigkeit, Gott Vater zu nennen. Das aramäische intime „Abba" ist einfach ins griechische Neue Testament überführt worden. Wir dürfen Gott so ansprechen, wie Jesus seinen himmlischen Vater anredete (Mk 14,36).

Nur ein anderer Text in den Briefen hat auch das aramäische „Abba", und wieder ist diese intime Gebetssprache mit der Wirkung des Geistes verbunden: „Denn ihr habt nicht einen knechtischen Geist empfangen, dass ihr euch abermals fürchten müßtet, sondern ihr habt einen kindlichen Geist empfangen, durch welchen wir rufen: Abba, lieber Vater" (Röm 8,15). In Galater 4,6 heißt es, dass der Geist in uns „Abba" schreit; hier wird gesagt, dass Gottes Kinder selbst Gott „Abba" nennen. Aber in beiden Fällen ist es der Geist, der das Beten ermöglicht.

Im selben Kapitel (Röm 8,26-27) erklärt Paulus, dass der Geist uns beim Beten zur Hilfe kommt: „Desgleichen hilft auch der Geist unserer Schwachheit auf, denn wir wissen nicht, was wir beten sollen, wie sich's gebührt; sondern der Geist selbst vertritt uns mit unaussprechlichem Seufzen. Der aber die Herzen erforscht, der weiß, was des Geistes Sinnen sei; denn er vertritt die Heiligen, wie es Gott gefällt."

Vorhin hat der Apostel vom Stöhnen der Kreatur gesprochen (V. 22) und auch vom Stöhnen der Kinder Gottes (V. 23), die auf die Erlösung des Leibes warten. Jetzt kommt noch ein Seufzen dazu: Das Stöhnen des Geistes. Er vertritt uns mit unaussprechlichem Seufzen, Stöhnen.

Gerade im Gebetsleben werden wir uns unserer Schwachheit so recht bewußt, und da kommt uns der Geist zur Hilfe. Weil wir so eingeschränkt sind, wissen wir nicht immer, „was" oder „wie" wir beten sollen. Diese Beschränktheit wird auch nicht einfach durch Übung überwunden, wir müssen Hilfe von oben haben. Der Heilige Geist nimmt unser Stammeln und vertritt uns vor Gott mit unaussprechlichem Seufzen. Auch wenn wir uns nicht in Worten ausdrücken können, nimmt der Geist unser tiefstes Sehnen und bringt es vor Gott. Er ist gleichsam unser Dolmetscher.

In seinem Brief an die Epheser ermahnt Paulus seine Leser, allezeit im Geist zu beten: „Und betet allezeit mit Bitten und Flehen im Geist und wacht dazu mit allem Anhalten und Flehen für alle Heiligen" (Eph 6,18). Paulus hat hier nicht das Zungenreden im Sinn; auch ist das Beten im Geist nicht einfach das lautlose Beten im menschlichen Geist, im Gegensatz zum vernehmbaren Gebet. Es geht vielmehr darum, dass der Heilige Geist unsere Gebete inspiriert. Auch überwindet der Geist die Selbstsucht in uns, so dass wir uns auch für andere im Gebet einsetzen können.

Es gibt aber auch eine Gabe des Geistes, **glossolalia** genannt (Zungenreden), die Gott seinen Kindern mitunter schenkt. Paulus hatte diese Gabe. Er schreibt: „Denn wenn ich in Zungen bete, so betet mein Geist; aber was ich im Sinn habe, bleibt ohne Frucht" (1 Kor 14,14). Weil andere nicht verstehen können, was er im Gebet sagt, können sie auch nicht erbaut werden. Jedoch, so bekennt er: „Ich will beten im Geist und will auch verständlich beten; ich will Psalmen singen im Geist und will Psalmen auch verständlich singen" (V. 15).

Das Beten mit dem „Verstand" wird hier dem Beten mit dem Geist gegenüber gestellt. Mit Verstand betet man, wenn man verständliche Worte ausspricht, mit dem Geist beten heißt, in Zungen zu sprechen. Beide Formen des Gebets werden vom Geist getragen, aber weil das Zungenreden ohne Auslegung von anderen nicht verstanden wird, will Paulus eigentlich nicht, dass es in der Öffentlichkeit gepflegt wird. Das Beten im Geist erbaut den Beter (V. 4), aber nicht den Hörer.

Im Judasbrief ist noch eine Stelle, die vom Beten im Geist spricht: „Ihr aber, meine Lieben, erbauet euch auf euren allerheiligsten Glauben, betet im Heiligen Geist" (V. 20). Ob Judas auch das Zungenreden im Sinn hatte, ist nicht klar. Es sollte jedenfalls nicht ausgeschlossen werden, aber wie es scheint, können alle Gotteskinder dieses Beten im Geist pflegen, auch wenn sie nicht die Gabe haben, mit Zungen zu reden. Der Geist befähigt die Gläubigen zu beten.

5.4 Der Geist und das Lied

Paulus erwähnt in 1. Korinther 14,15 nicht nur das charismatische Beten, sondern auch das Singen im Geist (im Gegensatz zum Singen mit dem Verstand). Durch das verständliche, hörbare Singen wird die Gemeinde erbaut, durch das Singen im Geist wird allein der Beter erbaut, der diese Gabe hat. Es kann auch sein, dass er das hymnische Beten im Geist meinte, als er vom Singen im Geist sprach.

Durch die Ausgießung des Geistes gab es einen Liederfrühling. Man sang nicht nur in den christlichen Gemeinden die Psalmen, sondern auch neue geistliche Lieder wurden gedichtet. Wir wiesen bereits darauf hin, als wir von der Fülle des Geistes sprachen, dass die Erfüllung mit dem Geist sich im Lied offenbart (Eph 5,18-20). „Werdet voll Geistes, redet untereinander in Psalmen und Lobgesängen und geistlichen Liedern, singet und spielet dem Herrn in euren Herzen."

Paulus hat hier wohl den christlichen Gottesdienst im Sinn, denn er spricht von dem „untereinander Reden". In Kolosser 3,16 wird sogar von dem gegenseitigen Belehren und Ermahnen durch „geistliche Lieder" gesprochen. Doch geht es beim Singen in der Gemeinde nicht allein um die horizontale Seite (zueinander, untereinander), sondern auch um die vertikale (dem Herrn). Wenn vom Singen „im Herzen" die Rede ist, dann meint Paulus nicht das lautlose singen, sondern das innere Dabeisein, wenn wir geistliche Lieder singen. Und dieses freudige Singen, in welchem wir unseren Dank Gott gegenüber ausdrücken und seine wunderbaren Gnadentaten besingen, ist Ausdruck der Geistesfülle in unserem Leben.

6 DIE GABEN DES HEILIGEN GEISTES

Die Gemeinde Jesu Christi hat die Aufgabe, der Welt das Evangelium zu bringen und Gottes Kinder im Glauben zu stärken. Das kann sie nicht aus eigener Kraft. Geistliche Dienste fordern eine geistliche Ausrüstung. Gott, in seiner Gnade, schenkt den Seinen die geistlichen Gaben, welche sie befähigen, ihren Dienst in der Welt und in der Gemeinde auszuführen.

Die Gaben des Geistes heißen entweder **pneumatika** (Gaben des Geistes) oder **charismata** (Gnadengaben). Diese zwei Bezeichnungen sind mehr oder weniger synonym. Das Wort **charisma** wird im allgemeinen Sinn gebraucht (z.B. Röm 1,11; 6,23), ist aber auch ein Fachwort für die besonderen Begabungen, die Gott seinen Kindern schenkt, um ihren Dienst für den Herrn tun zu können. Das Wort **pneuma** (**pneumatika**) hat auch nicht immer denselben Sinn, wird aber auch für geistliche Gaben gebraucht. **Charisma** wird fast ausschließlich von Paulus gebraucht (16-mal), Petrus braucht es einmal (1Petr 4,10). In 1.Korinther 12 beginnt Paulus mit **pneumatika** (V. 1), aber bereits in Vers 4 gebraucht er **charismata**. Es gilt nun, nach dem Charakter der geistlichen Gaben zu fragen.

6.1 Der Charakter der geistlichen Gaben

Schon die zwei Wörter, die für geistliche Gaben gebraucht werden, deuten etwas von dem Charakter der Gaben an: Sie sind Gaben, die der Heilige Geist gibt; Gaben, die uns aus Gnade geschenkt werden. Eigentlich kommen die Gaben von dem dreieinigen Gott. Paulus schreibt: „Es sind mancherlei Gaben, aber es ist ein Geist; und es sind mancherlei Ämter, aber es ist ein Herr (d.h. Jesus); und es sind mancherlei Kräfte, aber es ist ein Gott, der da wirkt alles in allem" (1Kor 12,4-6). Es werden die drei Personen der Gottheit als Ursprung der Gaben genannt.

In diesen Versen wird auch erklärt, dass die Verschiedenheit der Gaben nötig ist, weil die Dienste (Luther: Ämter) so verschieden sind. Ein **charisma** ist die Ausrüstung für irgendeinen Dienst im Reiche Gottes; die Gabe und die Kraft, die Gelegenheiten auszunutzen, welche Gott uns schenkt, sein Reich zu bauen.

Eine Frage, die unwillkürlich aufsteigt ist, wie diese geistlichen Gaben sich zu den natürlichen Gaben, die Gott uns geschenkt hat, verhalten. Vielleicht ist die Frage unberechtigt und trägt gnostischen Charakter. Im Gnostizismus wird das „Geistliche" hoch gehalten und das „Natürliche" (das Irdische, Leibliche) verachtet. Aber Gott ist der Schöpfer unseres ganzen Seins, und Jesus hat das Natürliche durch seine Menschwerdung gut geheißen. Allgemein sind Ausleger der Ansicht, dass, wenn natürliche Gaben dem Herrn zum Dienst zur Verfügung gestellt werden, sie dann zu geistlichen Gaben werden.

Wenn wir uns die genannten geistlichen Gaben näher anschauen, finden wir unter ihnen manche, die so ganz „menschlich" aussehen. Paulus nennt unter den geistlichen Gaben das Geben, das Leiten, das Üben von Barmherzigkeit. „Gibt jemand, so gebe er mit lauterem Sinn. Regiert jemand, so sei er sorgfältig. Übt jemand Barmherzigkeit, so tue er's mit Lust" (Röm 12,8). Der Heilige Geist nimmt unsere ganze Persönlichkeit in Beschlag. Ob wir nun von zu Hause aus mit gewissen Gaben bedacht worden sind, oder ob Gott sie uns nachträglich schenkt; und falls natürliche Gaben in geistliche umgewandelt werden, sollte uns auch das nicht Sorgen bereiten. Für jeden Dienst im Reiche Gottes müssen wir vom Geist Gottes ausgerüstet werden.

Manchmal wird gefragt: Wie kann man geistliche Gaben erhalten? Die Antwort Paulus ist: „Dies alles aber wirkt derselbe eine Geist und teilt einem jeglichen das Seine zu, wie er will" (1 Kor 12,14). Jedenfalls drückt Hebräer 2,4 denselben Gedanken aus: „Mit Austeilung des Heiligen Geistes nach seinem Willen." Gott teilt seine Gaben in souveräner Weise aus. Er trägt uns nicht Dienste auf, für welche er uns nicht ausgerüstet hat. Daher darf man die Frömmigkeit einer Person nicht nach ihrer Begabung abmessen; Begabung hat mit Berufung, mit Dienst zu tun, und das ist verschieden von Person zu Person. Selbstverständlich ist auch, dass dort, wo man kein Interesse für den Dienst im Reiche Gottes hat, auch keine geistlichen Gaben reichlich vertreten sein werden.

Paulus ermutigt die Korinther, nach geistlichen Gaben zu streben (1 Kor 14,1), besonders aber nach solchen, welche die Gemeinde aufbauen. Auch deutet er an, dass man um Gaben beten kann (14,13). Wer vor Aufgaben steht, die ihm oder ihr zu groß erscheinen, wird ohne weiteres Gott um die Kraft und Ausrüstung bitten, um den aufgetragenen Dienst zu verrichten. Das Streben nach den „besten Gaben" (1 Kor 12,31) wird man jedenfalls als Ermahnung an die ganze Gemeinde verstehen müssen, anstatt an die einzelnen Gläubigen. Die Gemeinde muss ständig darum bemüht sein, dass Gott ihr die nötigen Gaben geben möchte, um Gottes Kinder im Glauben zu stärken und in der Welt ein Zeugnis für Christus zu sein.

Gott übersieht niemanden im Austeilen seiner Gaben. Jedes Gotteskind ist durch den Heiligen Geist ausgerüstet, irgend einen Dienst für den Herrn zu tun. „In einem jeglichen offenbaren sich die Gaben des Geistes zum allgemeinen Nutzen" (1 Kor 12,7). Von diesem Standpunkt aus gesehen, sind alle Glieder der Gemeinde „Charismatiker" und nicht nur die, welche mit Zungen reden. Lehrdienst, Helferdienst, Gemeindeleitung sind genauso geistliche Gaben wie die Gabe, gesund zu machen.

Dass nicht alle dieselben Gaben haben, ist klar. „Haben sie alle Gaben, gesund zu machen? Reden sie alle in Zungen? Können sie alle auslegen?" (1 Kor 12,30) Die Antwort ist „Nein!" Daher brauchen wir uns auch nicht darüber Sorgen zu machen, dass wir gewisse Gaben nicht haben. Andererseits dürfen wir uns auch nichts darauf einbilden, dass Gott uns gewisse Gaben gegeben hat. Letzten Endes sind es *Gaben*. „Was hast du, das du nicht empfangen hast?" fragt Paulus (1 Kor 4,7).

6.2 Der Zweck der geistlichen Gaben

Wir haben schon angedeutet, dass geistliche Gaben Dienstgaben sind. Sie werden uns nicht gegeben, um unser Ich aufzubauen oder um mit unseren Gaben zu protzen. Der Zweck der geistlichen Gaben ist: dem Herrn zu dienen. Und dieser Dienst ist ein Dienst an Menschen. Paulus braucht das Bild vom menschlichen Körper, um zu illustrieren, wie ein Glied am Leibe dem andern Glied hilft und es unterstützt, „auf dass nicht eine Spaltung im Leibe sei, sondern die Glieder füreinander gleich sorgen" (1 Kor 12,25). Also, wir sind berufen worden, den Leib Christi zu erbauen.

In 1. Korinther 12,7 drückt Paulus denselben Gedanken aus: „In einem jeglichen offenbaren sich die Gaben des Geistes zum allgemeinen Nutzen." Gott will ja auch unser eigenes Wohl und Paulus nennt z.B. das Zungenreden, durch welches der Beter sich selbst aufbaut (1 Kor 14,4), im Gegensatz zur Gabe der Weissagung, durch welche andere erbaut werden. Paulus widmet fast das ganze vierzehnte Kapitel des 1. Korintherbriefes, um Zungenreden mit Weissagung zu vergleichen, und immer wieder nennt er die Erbauung der Gemeinde. „So auch ihr: Da ihr euch befleißigt der geistlichen Gaben, trachtet danach, dass ihr sie reichlich habt, auf dass ihr die Gemeinde erbaut" (1Kor 14,12). „Lasset es alles geschehen zur Erbauung", ist das Hauptanliegen des Apostels in Frage der geistlichen Begabung (1Kor 14,26). Das Wort „Erbauung" (**oikodome**) kommt in Kapitel 14,3-5.12 und 26 vor.

Und an der einen Stelle bei Petrus, wo das Wort **charisma** vorkommt, geht es auch um den Dienst. „Und dient einander, ein jeglicher mit der Gabe, die er empfangen hat, als die guten Haushalter der mancherlei Gnade Gottes" (1Petr 4,10). Der Apostel Petrus nennt dann noch zwei Gebiete, auf denen die geistlichen Gaben Ausdruck finden: der Dienst am Wort und der Dienst in der Tat (V. 11).

Die Dienste im Reich Gottes sind recht verschieden; einige fallen mehr ins Auge als andere; manche werden im Verborgenen getan und sind unauffällig. Aber Gott übersieht keinen Dienst in seinem Reich und verspricht, uns für unsere Treue zu belohnen. Daher sollte unser Bemühen dahin gehen, die Dienste zu tun, die Gott uns gleichsam in den Weg schickt, und gerade im Ausführen solcher Dienste entdecken wir auch, welche Gaben Gott uns geschenkt hat.

6.3 Die Anzahl der geistlichen Gaben

Es ist falsch, wenn man darauf besteht, dass in jeder Lokalgemeinde die neun Gaben vorhanden sein müssen, die in 1.Korinther 12,8-10 genannt werden. Am Schluß des Kapitels werden noch mehr Gaben genannt (V. 28). Zudem haben wir in Römer 12 eine Liste von Gaben: Weissagung, Ermahnung, Belehrung, Freigebigkeit, Hilfsbereitschaft (V. 6-8). Auch werden gewisse Personen als Gaben an die Gemeinde genannt (Eph 4,11), die zur Ausrüstung der Heiligen zum Werk des Dienstes da sind (V. 12).

Wir sollen Haushalter über „mancherlei" Gaben sein (1Petr 4,11). Gottes Gaben sind farbenreich (**poikilos**), denn seine Gnade ist so reich.

Auch dürfen wir die geistlichen Gaben nicht allein auf die Gaben beschränken, welche im Neuen Testament mit Namen genannt werden. Die Nöte der Gemeinde sind von Zeit zu Zeit verschieden, und

der Herr schenkt seinen Kindern Gaben, um diesen Nöten abzu-
helfen. Immer wieder steht die Gemeinde vor neuen Aufgaben, und
da gilt es, um Ausrüstung zu bitten und diese in der Kraft des Geistes anzuwenden. Die Hauptfrage ist also nicht: Wieviele geistliche
Gaben es gibt, sondern: Sind wir bereit, da einzusteigen, wo Gott
uns Gelegenheit gibt, ihm an anderen zu dienen?

6.4 Eine Beispielliste von geistlichen Gaben

Wir können nicht alle geistlichen Gaben, die im Neuen Testament
erwähnt werden, im einzelnen besprechen. Wenden wir uns daher
den neun Gaben zu, die in 1.Korinther 12,8-10 genannt werden.
Man kann sie verschieden einordnen, aber eine dreifache Einteilung hilft uns vielleicht, einen Überblick über diese Gaben zu
erlangen.

A. Gaben der Rede

Eine Gabe des Wortes, die Paulus hoch schätzt, ist die der
Weissagung (**propheteia**). In 1.Korinther 14 ist er darum bemüht zu
zeigen, dass diese Gabe der Gabe des Zungenredens vorzuziehen
ist, denn durch Weissagung wird die Gemeinde gebaut. Es ist eine
Gabe, die nicht so leicht zu definieren ist. Es gab überall in den
frühchristlichen Gemeinden Personen, die eine prophetische Gabe
hatten (Apg 11,27; 13,1; Röm 12,6; 1Kor 12-14; 1Thess 5,19-20; Offb
1,3; 2,20; 1Kor 11,5) – in Jerusalem, Cäsaräa, Antiochien, Rom,
Korinth, Thessalonich und in den asiatischen Gemeinden.

Die Propheten werden einige Male zusammen mit den Lehrern
erwähnt, und diese zwei Tätigkeiten haben sich bestimmt über-
schnitten. Einige prophetisch begabte Personen konnten auch
gelegentlich in die Zukunft schauen, wie z.B. Agabus, der eine
Teuerung im Lande voraussah. Auch werden Propheten einige
Male mit den Aposteln als Gründer der Gemeinde erwähnt (Eph
2,20; 3,5).

Wir aber müssen zwischen Propheten im primären Sinn als
Menschen, die von Gott direkte Offenbarungen empfingen, wie
die Propheten des Alten Testaments, und Menschen, die eine prophetische Gabe hatten, unterscheiden. Apostel und Propheten im
primären Sinn, als Gründer der Gemeinde, haben wir heute nicht.
Jedoch der Personen, die die Gaben haben, die Gemeinde zu be-

lehren, ermahnen, zu warnen und zu ermutigen, bedarf die Gemeinde ständig.

Warum die Weissagung z.B. durch prophetisch begabte Personen in Thessalonich verachtet wurde, wissen wir nicht (1Thess 5,20). Paulus will, dass die Gemeinde die Weissagung hoch schätzt. Zugleich aber soll die Gemeinde die Weissagungen prüfen und das Gute behalten (V. 21).

Zu den Gaben der Rede gehört auch das Zungenreden, welches, wie es scheint, in Korinth recht hoch geschätzt wurde. Es gibt verschiedene „Arten" (**Gene**) von Zungen. Was wir in Apostelgeschichte 2 haben, wo in anderen Zungen das Evangelium verkündigt wurde, ist nicht dasselbe wie die Gabe, mit welcher man mit Gott in ekstatischer Weise im Gebet verkehrt. Weil andere **glossolalia** nicht verstehen können, soll das Zungenreden privat gepflegt werden und nicht in der Öffentlichkeit. Wenn jemand jedoch die Gabe hat, Zungen auszulegen, so dass andere verstehen können, was gebetet wird, in diesem Fall darf auch öffentlich in Zungen gesprochen werden. Weissagung, im Vergleich, baut die Gemeinde, weil sie hören kann, was der Prophet dem Volke Gottes zu sagen hat. Daher die Schlußermahnung: „Liebe Brüder, befleißigt euch des Weissagens und wehrt nicht, in Zungen zu reden" (1Kor 14,39).

B. Gaben der Tat

Hier dürfte zunächst einmal die Heilgabe genannt werden. Eigentlich wird die Mehrzahl gebraucht: „Gaben der Heilungen" (1Kor 12,9). Der Plural will vielleicht auf die Verschiedenheiten in den Krankheiten hinweisen. In der Urgemeinde gab es niemand, der die Gabe hatte, alle Krankheiten zu heilen, wir kennen keinen „Wundertäter"; aber es waren Personen, darunter die Apostel, die immer wieder in wunderbarer Weise Krankheiten heilen konnten. Paulus hat Kranke geheilt, aber er selbst mußte lernen, mit seinem „Pfahl im Fleisch" zu leben (2Kor 12,7-9).

Gottes Kinder haben keine Verheißung von Gott empfangen, dass er sie schon jetzt im Leben von allen Schmerzen, allen Krankheiten befreien wird. Erst wenn wir beim Herrn sein werden, werden wir von allen Krankheiten befreit sein. Aber als Vorgeschmack der kommenden Freiheit von allem Leid, das durch die Sünde in die Menschheitsgeschichte gekommen ist, gibt der Herr auch noch heute Menschen die Gabe, Krankheiten in übernatürlicher Weise zu heilen. Dass Heilungen durch ärztliche Hilfe auch von Gott gut geheißen werden, können wir z.B. daran sehen, dass Paulus Timotheus den Rat gibt, nicht nur Wasser zu trinken, sondern ein wenig Wein, „um deines Magens willen" (1 Tim 5,23).

„Werke der Kraft" gehören auch zu den Tatgaben, die Paulus erwähnt. Bei diesen geht es um das Wundertun. Krankenheilung ist ja eigentlich auch ein Werk der Kraft. So wie ihr Herr und Meister, taten auch die Apostel Wunderwerke. Und in der Geschichte der christlichen Gemeinde hat es immer wieder Männer und Frauen gegeben, die die Gabe hatten, Wunder zu tun.

Jedenfalls gehört auch die Gabe des Glaubens in dieses Gebiet. Ein jedes Gotteskind hat ja den sogenannten „rettenden" Glauben. Ohne Glauben an Christus und sein vollbrachtes Werk können wir nicht selig werden. Aber die Glaubensgabe ist die Gabe, die es uns möglich macht, Außergewöhnliches zu tun. Es ist der Glaube, mit dem man „Berge versetzen" kann (1 Kor 13,2). Gott trägt ab und zu einem seiner Diener ganz unmöglich erscheinende Aufgaben auf – in der Mission, im Lehrdienst, in der Nothilfe. Man könnte hier auch an die Glaubenshelden, die in Hebräer 11 genannt werden, denken. In der langen Geschichte der Gemeinde hat es immer wieder Männer und Frauen gegeben, die gleichsam das Unmögliche geleistet haben, um Gottes Werk und Gottes Ehre zu fördern.

C. Gaben der Einsicht

Paulus nennt auch noch das „Wort der Weisheit" und das „Wort der Erkenntnis" unter den Gaben des Geistes (1 Kor 12,8). Diese sind eigentlich auch Gaben der Rede; das Wort **logos** (Wort) macht das klar. Andererseits geht es hier um die Gabe, die Gott gewissen Personen schenkt, um Gottes Wege und Gottes Willen tiefer zu erfassen. Und wenn solche Einblicke der Gemeinde durch das geredete Wort übermittelt werden, kann der Gemeinde geholfen werden. Solche Worte der Weisheit dürfen aber auch einzelnen Gotteskindern im täglichen Leben helfen, die rechten Entscheidungen zu treffen. In kritischen Stunden ist es besonders wichtig, dass der Heilige Geist durch ein „Wort der Weisheit" der Gemeinde den rechten Weg anzeigen kann.

Eine andere Gabe, die auch zu dieser Rubrik gehört, ist die Gabe, Geister zu unterscheiden. Weil die Gemeinden im ersten Jahrhundert noch nicht das Neue Testament hatten, war diese

Gabe von besonderer Bedeutung. Sehr leicht konnten sich falsche Lehren einschleichen. Paulus ermahnt die Thessalonicher, die Weissagung nicht zu verachten, aber zugleich will er haben, dass die Gemeinde alles prüft und das Gute behält (1 Thess 5,20-21). Johannes warnt seine Leser, nicht einem jeden Geist zu glauben (1 Joh 4,1). Die ganze Gemeinde soll prüfen, was gelehrt wird, aber Gott hat einigen Menschen die besondere Gabe gegeben, „Geister zu unterscheiden" (1 Kor 12,10).

Diese dreifache Einteilung der neun geistlichen Gaben, die in 1. Korinther 12,8-10 erwähnt werden, ist zum Teil künstlich, denn einige dieser Gaben überschneiden sich. Wer die prophetische Gabe hat, hat nicht nur die Gabe, mündlich zu kommunizieren, sondern hat auch Erkenntnis. Der Ausdruck „Wort der Erkenntnis" deutet schon zwei verschiedene Seiten dieser Gabe an – die Gabe der Erkenntnis und die Rednergabe. Obendrein darf man nicht vergessen, dass noch andere geistliche Gaben im Neuen Testament erwähnt werden und nicht nur diese neun.

6.5 Die Dauer der geistlichen Gaben

Immer wieder wird gelehrt, dass die Gaben des Geistes nur für die Apostelzeit galten, und dass wir sie heute nicht nötig haben und auch nicht erwarten sollten. Aber solche Lehre stimmt nicht mit dem Neuen Testament überein. Es ist schon wahr, dass nicht alle Gotteskinder dieselben Gaben haben. Auch scheint es so, als ob einige Gaben von Zeit zu Zeit in den Vordergrund rücken und dann wieder in den Hintergrund. Andererseits gibt es geistliche Gaben, welche für die Gemeinde immer notwendig sind, wenn sie erhalten und erbaut werden soll.

Unter den Gaben werden Apostel und Propheten im primären Sinne, als Gründer der Gemeinde, genannt. Diese Gaben haben wir heute selbstverständlich nicht mehr; sie gehörten zum ersten Jahrhundert. Aber ohne geistliche Gaben kann die Gemeinde nicht ihrer Berufung hier auf der Erde treu bleiben und ihren Dienst an der Welt ausführen.

Man hat 1. Korinther 13,10 versucht so zu verstehen, als wenn Paulus die geistlichen Gaben als temporär betrachtete. Temporär sind sie schon, aber sie sind der Gemeinde für die ganze Zwischenzeit, vom ersten bis zum zweiten Kommen des Herrn, gegeben worden. „Wenn aber kommen wird das Vollkommene, so wird das Stückwerk aufhören," bezieht sich auf die kommende Vollendung, wenn Jesus wiederkommt. Das Stückwerk bezieht sich auf die Geistesgaben – unser Wissen ist Stückwerk und unser Weissagen ist Stückwerk. Jedoch, obwohl wir noch nicht alles wissen und alles können, gibt der Heilige Geist Gottes Kindern für diese lange Wartezeit Gaben, um dem Herrn dienen zu können.

Manchmal liegt es jedenfalls an dem geistlichen Zustand der Gemeinde, wenn es auf dem Gebiet der Geistesgaben so ärmlich aussieht; andererseits dürfen wir nicht vergessen, dass Gott seine Gaben in souveräner Weise austeilt, damit seine Kinder ihren Dienst für Gott tun können. Wenn die Gemeinde willig ist, dem Herrn zu dienen, dann wird er ihr auch die nötige Ausrüstung geben, um diese Dienste auszuführen. Aber wenn die Mission der Gemeinde hier auf Erden vollendet ist, dann brauchen wir die Geistesgaben nicht mehr; dann sehen wir „von Angesicht zu Angesicht" und genießen die Vollkommenheit.

1.Korinther 13 schließt mit der Aussage, dass es im christlichen Leben Dinge gibt, die wichtiger sind als alle Gaben des Geistes. Und unter diesen Dingen ist die Liebe die Größte. Schon die Tatsache, dass Paulus zwischen den zwei Kapiteln über Geistesgaben ein Kapitel (so wie der Text jetzt eingeteilt ist) über die Liebe schreibt, will uns daran erinnern, dass die Frucht des Geistes eigentlich viel wichtiger ist als die Gaben des Geistes.

Die Gaben des Geistes sind für diese Zeit gegeben, aber die Liebe bleibt in alle Ewigkeit. Geistesgaben sind also an sich nicht ein Merkmal unserer Frömmigkeit, aber die Früchte des Geistes, die Christusähnlichkeit, zeugt vom wahren christlichen Charakter. Auf dem Gebiet der Geistesgaben gibt es heute recht viele Streitigkeiten und Auseinandersetzungen. Daher ist es doppelt so wichtig, dass wir uns bewußt werden, dass die Frucht des Geistes von größerer Bedeutung ist als die Gaben des Geistes.

7 DER HEILIGE GEIST UND DIE LEBENDIGE HOFFNUNG

Mit der Ausgießung des Geistes begann die Endzeit. Endzeit erstreckt sich von Pfingsten bis zur Parusie unseres Herrn. Die Gegenwart des Heiligen Geistes gab den Gläubigen im ersten Jahrhundert die Gewißheit, dass das gegenwärtige Zeitalter eines Tages beendet sein würde. Zeit und Stunde jedoch war ein Geheimnis, das Gott nicht offenbart hatte. Also galt es geduldig zu warten und den Missionsauftrag Jesu auszuführen.

Der Heilige Geist ist ein „Geist der Verheißung" (Gal 3,14; Eph 1,13). Das bedeutet einmal, dass er verheißen worden war und dass Gott diese Verheißung erfüllt hatte. Zum andern aber bedeutet dieser Ausdruck auch, dass der Geist den Kindern Gottes Verheißungen gibt. Paulus betet, dass Gott die römischen Leser mit Freude und Frieden im Glauben erfüllen möchte, damit sie völlige Hoffnung durch die Kraft des Heiligen Geistes haben möchten (Röm 15,13). Durch den Geist gibt Gott seinen Kindern einen Vorgeschmack von dem, was noch kommen soll.

„Hoffnung lässt nicht zuschanden werden," schreibt er in Römer 5,5. „Denn die Liebe Gottes ist ausgegossen in unser Herz durch den Heiligen Geist, welcher uns gegeben ist." Der Heilige Geist im Herzen der Gläubigen gibt ihnen nicht nur die Zusicherung, dass Gott sie liebt, sondern auch, dass er das, was er in ihnen angefangen hat, vollenden wird.

7.1 Der Geist und die Grundlagen der Hoffnung

A. Die Versiegelung mit dem Geist

Die Versiegelung mit dem Geist hat eschatologische Bedeutung. Wir sind mit dem Heiligen Geist versiegelt „auf den Tag Jesu Christi" (Eph 4,30). In Epheser 1,13 wird die Versiegelung mit dem Heiligen Geist aufs Engste mit dem Unterpfand unseres Erbes verbunden, also wieder im Blick auf die Zukunft. Dieselbe Verbindung zwischen Versiegelung mit dem Geist und Unterpfand des Erbes finden wir auch in 2.Korinther 1,21. Dieses sind die drei Stellen im Neuen Testament, wo von der Versiegelung mit dem Geist die Rede ist. Etwas zu *versiegeln* hat mit Eigentumsrecht zu tun. Wenn jemand einer Sache seinen Stempel aufdrückt, bedeutet das, dass sie ihm gehört. Rinder, Sklaven und Gefangene trugen mitunter ein Brandmal am Leibe. Soldaten tätowierten mitunter den Namen ihres Feldherrn auf ihren Leib. Aber auch Dokumente und andere Waren trugen mitunter den Stempel des Eigentümers.

In den Texten, in denen Paulus vom Versiegeln mit dem Geist spricht, gebraucht er natürlich die Bildersprache. Gott hat uns seinen Geist gegeben als Zeichen, dass wir ihm gehören. Wenn einmal die letzte Stunde schlägt, wird er uns als sein Eigentum anerkennen und wird uns endgültig erlösen. Wo Paulus dieses Bild hergenommen hat, ist nicht ganz klar, aber das Alte Testament bietet einige Möglichkeiten an. Einmal finden wir schon in 1Mo 4,15, dass Gott Kain ein Zeichen zu seinem Schutz aufdrückte; niemand sollte ihn töten. Dann könnten wir auch an das erste Passah in Ägypten denken, wo das Blut an den Türpfosten Gottes Volk identifizierte, so dass der Würgengel vorbeiging. Das Blut war das Zeichen, welches sie schützte. Aber noch wichtiger ist Hesekiel 9,4-6, wo alle die, welche sich von heidnischen Lastern ferngehalten hatten, mit einem **tau** (welches in der alten hebräischen Schrift wie ein „X" aussah) an der Stirn gekennzeichnet wurden. Die, welche diesen Stempel hatten, sollten vor dem Gericht bewahrt bleiben.

Am Wichtigsten jedoch ist die Beschneidung, welche im alten Israel als Siegel des Bundes galt (1Mo 17,11; Röm 4,11). An der Beschneidung erkannte Gott sein Bundesvolk. In Kreisen, in denen die Säuglingstaufe gepflegt wird, wird die Taufe mitunter als Siegel des neuen Gottesvolkes verstanden – gleichsam als Fortsetzung der Beschneidung des Alten Bundes. Jedoch weder Taufe noch Konfirmation (die im Neuen Testament ja nicht erwähnt wird) werden von den Aposteln als Versiegelung bezeichnet. Der Heilige Geist ist Gottes Stempel, an ihm wird er die Seinen als sein Eigentum erkennen und sie am letzten Tage zu sich nehmen.

Wir sind versiegelt mit dem Heiligen Geist auf den Tag der Erlösung. Wir haben bereits schon hier auf Erden „die Erlösung durch sein Blut" (Eph 1,7), aber die Erlösung des Leibes steht uns noch bevor. Und der Heilige Geist gibt uns die Gewißheit, dass wir Gott angehören und dass er uns am Tage Jesu Christi als sein Eigentum anerkennen wird.

B. Das Pfand des Geistes

An zwei von diesen Stellen, in welchen von der Versiegelung

mit dem Geist die Rede ist, wird der Heilige Geist mit einem Pfand (**arrabon**) verglichen (2Kor 1,22; Eph 1,14). **Arrabon** ist ein griechisches Lehnwort, das ursprünglich ein semitisches Wort war. Es hatte den Sinn von Garantie, Bürgschaft. Tamar z.B. forderte von Juda ein Pfand, als er ihr einen Ziegenbock versprach, und er gab ihr seinen Ring und seine Schnur an seinem Stab als Bürgschaft. Als er ihr dann den Ziegenbock sandte, forderte er das Pfand zurück (1Mo 38,17-20).

Als dieses semitische Wort ins Griechische aufgenommen wurde, gewann es zusätzlich den Sinn von „Anzahlung", „Teilzahlung". Ein Pfand muss zurückgegeben werden, wenn der Pfänder sein Versprechen einlöst, ein **arrabon** dagegen ist ein Teil des Kostenpreises. Nebenbei bemerkt: Das Wort **arrabon** hat im heutigen Griechisch noch eine andere Bedeutung: Es ist das Wort für „Trauring", welcher ja auch eine Art „Versprechen" darstellt.

Wenn nun der Heilige Geist **arrabon** genannt wird, dann bedeutet das, dass er Gottes Anzahlung ist auf etwas, das uns in der Zukunft geschenkt werden wird. Gott hat „in unsere Herzen als Unterpfand den Geist gegeben", schreibt Paulus an die Korinther (2Kor 1,22). Der Heilige Geist, heißt es in Epheser 1,14, ist „das Unterpfand unseres Erbes zu unserer Erlösung".

Der Gläubige geht einer herrlichen Zukunft entgegen, und der Heilige Geist ist Gottes Anzahlung auf das Erbe, welches wir eines Tages genießen werden. Eines Tages zahlt Gott gleichsam die volle Summe; hier auf Erden genießen wir nur die Anzahlung. Aber die Anzahlung ist zugleich die Garantie, dass das Übrige noch kommen wird.

Dass **arrabon** ein eschatologischer Begriff ist, kann man in 2.Korinther 5,5 noch klarer sehen. Im Blick auf den Tag, wenn das Sterbliche vom Leben verschlungen wird, schreibt Paulus: „Der uns aber dazu bereitet hat, das ist Gott, der uns als Unterpfand den Geist gegeben hat." Dieses ist die dritte Stelle, in welcher der Heilige Geist „Unterpfand" genannt wird. Der Geist gibt den Gläubigen die Zusicherung, dass der Tod nicht das letzte Wort haben wird. Wenn das irdische Haus, diese Hütte, abgebrochen wird, haben wir einen Bau, von Gott erbaut (2Kor 5,1), und der Heilige Geist ist Gottes Bürgschaft, dass er sein Versprechen halten wird.

Das Leben der Kinder Gottes hier auf Erden ist von Unvollkommenheit gekennzeichnet. Unsere Gemeinschaft mit Gott, un-

sere Freiheit von der Sünde und unser Bemühen, dem Herrn zu
dienen, lassen noch so viel zu wünschen übrig. Aber der Heilige
Geist in unseren Herzen gibt uns die Zusicherung, dass eines
Tages alles Stückwerk beendet sein wird und wir unser himmli-
sches Erbe völlig genießen werden.

C. Die Erstlingsfrüchte des Geistes

Eng verwandt mit dem Begriff „Unterpfand" ist das Bild vom
Heiligen Geist als „Erstlingsfrucht" (**aparche**). Dadurch, dass
die Erstlingsfrucht in Israel dem Herrn geweiht wurde, weihte
man ihm gleichsam die ganze Ernte. Paulus drückt seine Hoffnung aus (Röm 11,16), dass auch die Übrigen aus Israel noch zum
Glauben kommen werden, weil schon viele aus Israel gläubig
geworden sind („Erstlingsfrucht"). In Römer 16,5 nennt Paulus
den ersten Gläubigen aus der Landschaft Asien die „Erstlingsfrucht". Und Christus ist die „Erstlingsfrucht" von den Toten; wir,
die wir ihm angehören, werden ihm später ins ewige Leben folgen
(1Kor 15,20.23).

In den eben angeführten Stellen wird aber nichts vom Heiligen
Geist gesagt. Jedoch wird in Römer 8,23 der Heilige Geist als
Erstlingsfrucht (**aparche**) bezeichnet: „Nicht allein aber sie, sondern auch wir selbst, die des Geistes Erstlingsgabe haben, sehnen
uns auch bei uns selbst nach der Kindschaft und warten auf unseres Leibes Erlösung."

Das Bild von der Erstlingsfrucht war jüdischen Lesern gut
bekannt. Das Weihen der Erstlingsfrucht war gleichsam eine
Garantie, dass die Ernte folgen würde. Paulus will ja nicht sagen,
dass der Heilige Geist, gleich der alttestamentlichen Erstlingsfrucht, Gott geweiht ist, sondern der Geist ist die Zusicherung,
dass die volle Ernte in Aussicht ist. Alles, was Gott uns in Christus verspricht, wird er eines Tages völlig einlösen. Der Heilige
Geist ist gleichsam die Erstlingsgarbe, die symbolisch die kommende Ernte darstellt. Die Erstlingsgarbe deutet auch an, dass die
Ernte begonnen hat. So wirkt Gott in uns durch den Heiligen
Geist den Anfang des Ewigen Lebens; wir haben jetzt schon ewiges Leben. Aber das ewige Leben in seiner ganzen Fülle liegt noch
vor uns; hier auf Erden haben wir nur einen Vorgeschmack von
dem, was noch kommen soll.

Weil die Zeit für die volle Ernte noch nicht da ist, ist Sehnsucht ein Merkmal der Gläubigen. Der Geist, als Erstlingsfrucht,

wirkt in uns die Sehnsucht nach der Sohnschaft, die mit der Erlösung des Leibes uns zuteil wird (Röm 8,23). Zusammen mit der ganzen Kreatur haben wir gleichsam „Geburtswehen" (**sunodenei**, V. 22). Dieses „ängstliche" Sehnen wirkt der Heilige Geist in uns; wir sollen stets daran erinnert werden, dass wir noch nicht alles erlebt haben, was Gott uns versprochen hat. Also leben wir stets in Hoffnung: „Denn wir sind wohl gerettet, aber auf Hoffnung." (V. 24)

Leenhardt (**Romans**, S. 222) weist darauf hin, dass der Begriff **aparche** mindestens drei Seiten hat:

(a) ein Teil der Ernte ist schon da;
(b) da ist Hoffnung auf die volle Ernte;
(c) die Erstlingsgarbe ist die Garantie, dass die Ernte folgen wird.

Wir dürfen also ganz bescheiden sein, wenn wir von unseren geistlichen Erfahrungen sprechen; wir haben hier auf Erden nur einen Vorgeschmack von der Herrlichkeit, die da kommen soll. Andererseits können wir aber in froher Hoffnung leben, denn der Geist ist die Bürgschaft auf die kommende Ernte.

D. Der Geist und die Sohnschaft

Wir haben das Wort „Sohnschaft" (**hyiothesia**), „Adoption", schon erwähnt. Der Heilige Geist gibt uns die Gewißheit, dass wir Gottes Kinder sind (Röm 8,15-17; Gal 4,6). Der Geist der Kindschaft offenbart sich darin, dass wir Gott „Abba" nennen dürfen. Auch haben wir als Kinder Gottes die Verheißung, Gottes Erben zu sein, Miterben Christi (Röm 8,17). Kindschaft ist ein köstliches Gut, Kinder in Gottes Familie zu sein ist für uns ein großes Glück. Jedoch, auch diese wunderbare „Sohnstellung" ist nur ein Vorgeschmack der „Adoption", die uns noch erwartet. „Sondern auch wir selbst, die wir haben des Geistes Erstlingsgaben, sehnen uns auch bei uns selbst nach der Kindschaft und warten auf unseres Leibes Erlösung" (Röm 8,23). Wir sind schon Kinder, aber wir warten noch auf die Kindschaft. Diese Polarität zwischen dem „Schon-jetzt" und dem „Noch-nicht" findet man überall im Neuen Testament. Die Tatsache, dass wir jetzt schon Kinder Gottes sind (trotz all der Unvollkommenheit, mit welcher wir umgeben sind), ist die Garantie, dass wir eines Tages die volle Sohnstellung erlangen werden. Diese volle Sohnstellung erlangen wir erst, wenn unser Leib erlöst sein wird. Der Begriff **hyiothesia** (Sohnstellung) ist doppelsinnig, zweideutig. Einerseits wissen wir durch die Wirkung des Geistes, dass wir Kinder Gottes sind; andererseits lässt Gott uns durch die Gabe des Geistes wissen, dass er uns noch mehr zu geben hat.

E. Der Geist und die Liebe Gottes

Weil wir gerecht geworden sind (Röm 5,1), haben wir die Hoffnung der zukünftigen Herrlichkeit, die Gott geben wird (V. 2) – eine Hoffnung, die nicht zu Schanden werden lässt (V. 5). Und was ist die Grundlage für diese Hoffnung? „Denn die Liebe Gottes ist ausgegossen in unser Herz durch den Heiligen Geist, welcher uns gegeben ist" (V. 5). Der Heilige Geist gibt den Gläubigen die Zusicherung, dass sie von Gott geliebt werden. Diese Liebe hat er darin offenbart, dass er seinen Sohn für uns gegeben hat. „Denn Christus ist ja zu der Zeit, da wir noch schwach waren, für uns Gottlose gestorben" (V. 6). Jesu Tod ist ein klarer Beweis dafür, dass Gott uns liebt. Der Heilige Geist überzeugt uns von dieser Liebe Gottes für uns, die wir gottlos waren. Und dadurch wird in uns die Hoffnung geweckt, dass Gott uns noch mehr zu geben hat. Der Heilige Geist ist ein Zeichen dafür, dass Gott schon angefangen hat, uns zu beglücken, und eines Tages gehen wir in die Herrlichkeit ein.

Also hat die Hoffnung der Gläubigen auf eine herrliche Zukunft eine gute Grundlage. Einmal hat Gott uns durch den Geist versiegelt, gestempelt, gekennzeichnet; dann hat er uns eine Anzahlung auf das kommende Erbe gegeben. Durch den Geist genießen wir schon die Erstlingsfrüchte der kommenden Ernte. Auch erfreuen wir uns jetzt schon der Kindschaft. Aber wir wissen, dass die volle Sohnstellung noch in der Zukunft liegt. Und durch den Heiligen Geist, den Gott in unsere Herzen ausgegossen hat, haben wir den Beweis seiner Liebe.

Der Schreiber an die Hebräer erklärt, dass wir „Teilhaber des Heiligen Geistes" geworden sind (Hebr 6,4) und dass wir „die Kräfte der zukünftigen Welt" geschmeckt haben (V.5). Der Geist ist der Vorgeschmack von dem kommenden Äon.

Der Heilige Geist ist also eine feste Grundlage für die lebendige Hoffnung der Gläubigen. Jetzt muss noch die Frage gestellt werden: Worauf hoffen wir?

7.2 Der Geist und der Inhalt der Hoffnung

A. Der Geist und die Erlösung des Leibes

In Epheser 4,30 wird uns gesagt, dass wir versiegelt worden sind durch den Heiligen Geist „auf den Tag der Erlösung". An diesem Tag Jesu Christi soll auch unser Leib erlöst werden. Und der Heilige Geist gibt uns die Hoffnung auf die Erlösung unseres Leibes (Röm 8,23). Wenn der Geist, der Jesus von den Toten auferweckt hat, in uns wohnt, dann wird er auch eines Tages unsere sterblichen Leiber lebendig machen: „...durch seinen Geist, der in euch wohnt" (Röm 8,11). Der Geist ist Gottes Zusicherung, dass das Sterbliche eines Tages vom Leben verschlungen wird (2 Kor 5,4-5).

Die Erlösung des Leibes ist ja die Auferstehung von den Toten, wenn Jesus wiederkommt. Nirgends wird dieses Thema so allumfassend besprochen wie in 1. Korinther 15. Der Heilige Geist stärkt in uns die Hoffnung, dass wir eines Tages einen neuen Leib haben werden. Paulus nennt ihn einen „geistlichen" Leib, einen Leib nicht von Fleisch und Blut, der für diese Welt passend ist, sondern einen Leib, der für die kommende Welt passend sein wird. Dieser Leib wird „gleich werden seinem verklärten Leib, nach der Wirkung seiner Kraft, mit der er auch alle Dinge sich untertänig machen kann" (Phil 3,21).

B. Der Geist und die Rechtfertigung

In seinem Brief an die Galater spricht Paulus von der Hoffnung, die wir in unserem Herzen tragen – eine Hoffnung, die der Heilige Geist uns gibt. „Denn wir warten im Geist durch den Glauben auf die Gerechtigkeit, auf die man hoffen muss" (Gal 5,5). Hier werden „Gerechtigkeit" und „Rechtfertigung" als Hoffnungsgut bezeichnet.

Immer wieder unterstreicht Paulus, dass wir schon gerechtfertigt worden sind, und zwar durch den Glauben (z.B. Röm 5,1). Wir haben das tiefe Bewußtsein, dass wir bei Gott in Gnade stehen. Aber der Heilige Geist, der uns dieses Bewußtsein gibt, erinnert uns auch daran, dass die endgültige Rechtfertigung erst am Ende dieses Zeitalters kommt. Wir warten noch auf die Gerechtigkeit, die Begnadigung. Der Heilige Geist wirkt in uns diese Sehnsucht. Wir sind gerechtfertigt und wir warten noch auf Rechtfertigung. Diese Spannung zwischen dem „Schon-jetzt" und dem „Noch-nicht" haben wir schon öfter bemerkt. Nicht nur die Apostel sprechen von dieser Spannung, sondern wir erfahren sie auch tatsächlich in unserem Glaubensleben.

Die Gerechtigkeit, auf welche wir durch den Geist hoffen, erklärt *Hamilton* (**The Holy Spirit and Eschatology in Paul**, S. 34), ist die endgültige Aufnahme bei Gott am Ende dieses Zeitalters. Dieses geschieht bei der Parusie Jesu Christi. Aber der Heilige Geist gibt uns die Zusicherung, dass Gott uns annehmen wird. Also brauchen wir uns nicht zu fürchten. Im Judentum hoffte man auch, am Ende vor Gott bestehen zu können, wenn man sonst genügend gute Werke getan hatte, aber man hatte nicht die Zusicherung, dass man schon jetzt gerechtfertigt sein konnte. Wir aber haben schon jetzt das Bewußtsein, dass wir von Gott begnadigt worden sind und warten nur noch auf die endgültige Begnadigung am Ende der Zeit.

C. Der Geist und das ewige Leben

Dass der Geist neues Leben schafft, haben wir bereits betont (z.B. Röm 8,2.9-10). „Leben" und „ewiges Leben" sind oft gleichbedeutend. Paulus spricht öfters vom Leben, aber weniger vom ewigen Leben (z.B. Röm 2,7; 5,21; 6,22; Gal 6,8). Das Eigenschaftswort „ewig" hat nicht nur die Dauer dieses Lebens im Auge, sondern auch, dass dieses Leben qualitativ anders ist. Als Gotteskinder haben wir schon jetzt ewiges Leben, aber unser Leben ist verborgen mit Christus in Gott (Kol 3,3). Eines Tages aber wird dieses Leben zum vollen Vorschein kommen (Kol 3,4), wenn wir offenbar werden in der Herrlichkeit. Und der Heilige Geist gibt uns die Zusicherung, dass wir das ewige Leben in seiner ganzen Fülle ernten werden.

Nur an einer Stelle wird uns gesagt, dass das ewige Leben eine Gabe des Geistes ist, nämlich in Galater 6,8: „Wer auf das Fleisch sät, der wird von dem Fleisch das Verderben ernten; wer aber auf den Geist sät, der wir vom Geist das ewige Leben ernten." Die Sprache des Apostels verrät Bekanntschaft mit einem alten Sprichwort, das im Alten Testament einige Male vorkommt: Der Mensch erntet, was er gesät hat (Hos 8,7; Spr 22,8; Joel 3,13). Gott lässt sich nicht spotten, schreibt Paulus: Der Mensch erntet, was er sät (Gal 6,7).

Während in Vers 7 die enge Verbindung zwischen Samen und Ernte gemacht wird, haben wir in Vers 8 die Verbindung zwischen Ackerland und Ernte. Paulus spricht von zwei Feldern: das Feld des Fleisches und das des Geistes. Auf das Fleisch sät der Mensch, dessen Leben von der Macht der Sünde regiert wird; auf den Geist sät man, wenn man sein Leben unter die Kontrolle des Heiligen Geistes stellt. Saatzeit ist die ganze Endzeit, die sich von Pfingsten bis zur Parusie Jesu Christi zieht; geerntet wir am Ende dieses Zeitalters. Die Ernte eines Lebens, das nach dem Fleisch gelebt worden ist, ist Verderben; die Ernte eines Lebens, das nach dem Geist geführt wird, ist ewiges Leben.

Hier sehen wir wieder die Spannung zwischen dem „Schon-jetzt" und dem „Noch-nicht". Ewiges Leben ist eine Gabe Gottes (Röm 6,23), die wir schon hier im Leben genießen. Andererseits ist ewiges Leben etwas, das unser noch wartet und eine Gabe des Heiligen Geistes.

Zum Schluß wäre noch ein Wort aus der Offenbarung anzuführen, wo der Heilige Geist auch als eschatologischer Begriff verstanden werden kann. „Der Geist und die Braut sprechen: Komm!" (Offb 22,17) Einige Ausleger verstehen das „Komm!" als die Einladung der Gemeinde, durch welche der Heilige Geist spricht, zu Jesus zu kommen, ehe es zu spät ist. Andere dagegen hören in der Sprache des Geistes den Sehnsuchtsschrei der Gemeinde, die auf ihren Bräutigam wartet.

Auf jeden Fall ist es so, dass die Gegenwart des Geistes in der Gemeinde Gottes Volk bereits hunderte von Jahren erhalten hat, und wir dürfen uns darauf verlassen, dass der Geist auch weiterhin in der Gemeinde sein Werk tun wird.

Für die Gemeinde ist es wichtig zu „hören, was der Geist den Gemeinden sagt".

WEITERE IM PULS-VERLAG ERSCHIENENE TITEL:

DAVID EWERT: Ist das Heil verlierbar?

Die Frage nach der Verlierbarkeit des Heils bewegt immer wieder die christliche Gemeinde. Kann ein Christ verloren gehen, oder ist er auf jeden Fall gerettet, selbst dann, wenn er auf Abwege gerät? David Ewert bemüht sich, auf der Grundlage des neutestamentlichen Zeugnisses eine biblisch fundierte Antwort zu geben, die seelsorgerliche Aspekte nicht unberücksichtigt lässt.

64 Seiten; DM 9,90; ISBN 3-933398-00-2

DAVID EWERT: „Verstehst du, was du liest?"

Obwohl alle evangelischen Christen dasselbe Glaubensdokument haben, die Bibel, streiten sie sich darüber, ob die Kinder- oder die Glaubenstaufe biblisch ist, ob eine Frau predigen darf oder nicht, ob die Entrückung vor der Großen Trübsal oder danach sein wird. Woran das liegt? An der Hermeneutik. Der Verfasser entfaltet die Grundsätze einer biblischen Hermeneutik. Er legt dar, welche Prinzipien bei der Auslegung der Bibel zu beachten sind, damit die Heilige Schrift sachgemäß ausgelegt wird.

160 Seiten; DM 19,90; ISBN 3-933398-03-7

FRIEDHELM JUNG: Frauenordination – Spaltpilz der Christenheit?

Die Rolle der Frau in der christlichen Gemeinde ist höchst umstritten. Während sie in manchen Kirchen als Pastorin oder Bischöfin agiert, ist sie in anderen zum völligen Schweigen verurteilt. Wie sehen die biblischen Linien zur Stellung der Frau aus? Der Verfasser bemüht sich nachzuweisen, dass der christlichen Frau auch abseits des gemeindeleitenden Amtes ein weites Betätigungsfeld in der Gemeinde gegeben ist.

64 Seiten; DM 6,90; ISBN 3-933398-01-0

GÜNTER WIESKE: Gemeindepädagogik für die Praxis

Ein sehr hilfreiches Buch, weil es einen gut verständlichen Mittelweg zwischen Theorie und Praxis findet. Was hier über die lernende Gemeinde zusammengetragen ist, bietet für Pastoren, Gemeindeleitungen und Mitarbeiter/innen in Gruppen in jedem der zehn Kapitel übertragbare Anregungen.

Ein sehr hilfreiches Buch – für die Erweiterung des Horizonts, aber mehr noch für das Planen und zum kreativen Umsetzen in einer geistigen Umbruchsituation, in der nur die lernende Gemeinde von der Kraft des Evangeliums überzeugen wird.

192 Seiten; DM 19,80; ISBN 3-933398-04-5